LANDESAMT FÜR DENKMALPFLEGE
REGIERUNGSPRÄSIDIUM STUTTGART

DER IPF

Frühkeltischer Fürstensitz und Zentrum keltischer Besiedlung am Nördlinger Ries

RÜDIGER KRAUSE

MIT BEITRÄGEN VON
HARALD VON DER OSTEN-WOLDENBURG,
ULRICH SAUERBORN, VOLKER DIETZE,
REINHARD WOLF, KATHARINA FUHRMANN
UND DANIELA EULER

Archäologische Informationen
aus Baden-Württemberg
Heft 47

IMPRESSUM

Archäologische Informationen
aus Baden-Württemberg
Heft 47
Herausgegeben vom
Landesamt für Denkmalpflege –
Regierungspräsidium Stuttgart

Erweiterte und verbesserte Auflage 2007

Bezug durch die
Gesellschaft für Vor- und Frühgeschichte
in Württemberg und Hohenzollern e.V.
Berliner Straße 12, 73728 Esslingen

Redaktion: Rüdiger Krause,
Universität Frankfurt
Produktion: Verlagsbüro Wais & Partner, Stuttgart
Gestaltung: Hans-Jürgen Trinkner, Stuttgart
Druck: Offizin Scheufele, Stuttgart
Printed in Germany
ISBN 3-927714-73-9
Stuttgart 2007

DANKSAGUNG

Den Mitautoren danke ich für die gute und gelungene Mitwirkung an diesem Band. Außerdem danke ich folgenden Kolleginnen und Kollegen für die wertvolle kollegiale Zusammenarbeit im Rahmen des Forschungsprojekts:

Frau Dr. Elke Böhr, Wiesbaden (griechische und attische Keramik)
Herrn Dr. h.c. Dr. Otto Braasch, Landshut (Luftbildprospektion)
Herrn Priv.-Doz. Martin Guggisberg, Bern (Bronzefigur aus Ehringen)
Herrn Prof. Dr. Marino Maggetti, Fribourg (Keramikanalysen, griechische Amphoren)
Herrn Dr. Harald von der Osten-Woldenburg, Esslingen (Geophysik)
Herrn Dr. Arno E. Patzelt, Mössingen (Geophysik)
Herrn Prof. Dr. Joachim Wahl, Konstanz (Anthropologie)

Frau Andrea Kugler, M.A., Stadtmuseum Nördlingen, unterstützte die Dokumentation und Anfertigung von Fotos der italischen Bronzefigur aus Ehringen

Herr Stephan Papadopoulos, Grabungstechniker beim Landesdenkmalamt, Esslingen, oblag die grabungstechnische Leitung der Ausgrabungen 2000–2005. Für die gute und freundschaftliche Zusammenarbeit möchte ich ihm meinen besonderen Dank aussprechen.

Ohne die Einwilligung und freundliche Unterstützung der Eigentümer und Bewirtschafter der Grundstücke – mehreren Familien aus Osterholz – wären die neuen Ausgrabungen im Bereich des Weilers Osterholz, Gemeinde Kirchheim am Ries, nicht möglich gewesen.

Inhalt

Luftbilder Dr. hc. Otto Braasch, Landshut

Die Besichtigung der Ausgrabungen auf dem Gipfelplateau des Ipf im Sommer 2004 durch Landrat Klaus Pavel (2. v. r.) zusammen mit Bürgermeister a.D. Bernhard Rapp (1. v. l.), Stadt Bopfingen, Bürgermeister Willi Feige, Gemeinde Kirchheim am Ries (2. v. l.). Der Grabungsleiter Prof. Dr. Rüdiger Krause, jetzt Universität Frankfurt (rechts), erläutert zusammen mit der wissenschaftlichen Mitarbeiterin, Frau Katharina Fuhrmann M.A. (Mitte), die Ausgrabungen.

Geleitwort

Der Ipf bei Bopfingen ist für den Ostalbkreis ein prägendes und markantes Wahrzeichen. Daneben ist er der herausragende Mittelpunkt einer alten und reichhaltigen Kulturlandschaft am Rande des Nördlinger Rieses. Hier beginnt die Besiedlung und damit die Umgestaltung der Landschaft bereits in der frühesten Jungsteinzeit vor 7500 Jahren.

Die Hallstattzeit und Frühlatènezeit (6./5. Jh. v.Chr.) ist gleichzeitig die glanzvollste Epoche für den unter Naturschutz stehenden Zeugenberg. Nachdem seit dem Jahr 2000 in der Nähe des Ipf die Spuren von rechteckigen Hofanlagen mit mediterranen Importgütern wie feiner bemalter griechischer Keramik und frühkeltische Großgrabhügel gefunden worden sind, gilt die befestigte Höhensiedlung mit ihrem markanten, über 2 ha großen Gipfelplateau als keltischer Fürstensitz. Damit gehört der Berg zu der exklusiven Gruppe von weniger bekannten Fürstensitzen in Mitteleuropa. Aufgrund von Ausgrabungen einer zugehörigen Außensiedlung gibt es jetzt auch Anhaltspunkte für den Grund des „fürstlichen Reichtums“: Beim Weiler Osterholz wurden Schlacken gefunden, die auf eine frühe Eisenverhüttung im Raum Bopfingen hindeuten.

Luftbildaufnahmen und geophysikalische Untersuchen bestätigten die Entdeckungen von Großgrabhügeln nahe Osterholz. Die archäologischen Ausgrabungen werden seit dem Frühjahr 2003 unter der Leitung des Landesdenkmalamtes Baden-Württemberg und mit Unterstützung der Gesellschaft des Ostalbkreises für Beschäftigungsförderung GmbH (G. O. B.) fortgeführt. Bei der Freilegung des kleineren Großgrabhügels mit einem Steinkreis und der zentralen Grabgrube stieß man auf zahlreiche sorgfältig verzierte Tongefäße. Diese werden von Restauratoren in mühsamer Kleinarbeit zusammengesetzt und der Öffentlichkeit in musealer Form zugänglich gemacht.

Das Förderprogramm LEADER+ der Europäischen Union bot die einmalige Chance, die Fundstätte als Freilichtanlage auszubauen. Der ausgehobene Grabhügel wurde rekonstruiert und wieder in seine ursprüngliche Form gebracht. Attraktive Hinweistafeln erläutern den Besuchern interessante Hintergründe. Weitere Informationen zur keltischen Geschichte und zur Umgebung des Ipf präsentiert der neu erstellte Pavillon in Form eines keltischen Viereckgebäudes am Ipf-Parkplatz. Beide Projekte wurden von der LEADER-Aktionsgruppe Brenzregion als beispielhafte Fördermaßnahmen bewertet und mit finanziellen Mitteln der EU und des Landes Baden-Württemberg unterstützt.

Es ist gelungen, zusammen mit dem Ipf, seinem Umfeld und dem bestehenden Rundweg „Ipf – Goldberg“ einen archäologischen Park zu schaffen, der die keltische Geschichte und die frühzeitliche Besiedlung dieser Raumschaft in informativer und anschaulicher Weise vermittelt.

Ein herzlicher Dank gilt dem Landesdenkmalamt Baden-Württemberg, Herrn Prof. Dr. Dieter Planck und dem wissenschaftlichen Projektleiter, Herrn Prof. Dr. Rüdiger Krause, Universität Frankfurt, für die Durchführung der Ausgrabungen und die wissenschaftliche Begleitung dieses Projektes.

Der Ostalbstiftung der Kreissparkasse Ostalb gebührt ein besonderer Dank für die finanzielle Unterstützung zur Herausgabe der vorliegenden Schrift.

KLAUS PAVEL
LANDRAT DES OSTALBKREISES

Geleitwort

Überraschende und teils sensationelle Entdeckungen bei der Erforschung von Lebensräumen und Kultur der Kelten hat in den letzten Jahren den Ipf und die Landschaft um die Stadt Bopfingen und die Gemeinde Kirchheim am Ries in den Blickpunkt der Öffentlichkeit gerückt.

Der mächtige kegelstumpfförmige Ipf erhebt sich freistehend an der Eingangspforte zum Nördlinger Ries über der Stadt Bopfingen. Er steht unter Naturschutz und ist der wohl schönste Zeugenberg der Schwäbischen Alb. Mit seinen 668 m Höhe ist der fast kahle Berg eine herausragende Erscheinung unter den Höhen, die den kreisrunden Meteorkrater des Ries umrahmen. Von seinem Gipfelplateau bietet sich ein bestechender Rundblick, der an schönen Tagen bis in die Alpen reicht. Unmittelbar daran grenzt die Gemeinde Kirchheim am Ries mit dem 619 m hohen Blasienberg sowie einem weitläufigen Landschafts- und Naturschutzgebiet mit dem Weiler Osterholz.

Archäologische Funde bezeugen die Anwesenheit von Menschen auf dem Ipf seit der Jungsteinzeit. Markante Wall- und Grabensysteme, die einst das Plateau des Berges und vor allem die etwas flachere Ostflanke schützten, fallen bis heute schon von Weitem ins Auge. Wohl vor allem deshalb hatte der Ipf für Heimatforscher, Archäologen und Besucher schon immer eine fast magische Anziehungskraft.

In jüngster Zeit konnten die Kenntnisse über die Bewohner und die Besiedelung des Ipf und seiner Umgebung entscheidend erweitert werden. Mithilfe der Entdeckungen des Luftbildarchäologen Otto Braasch im Jahr 2001 und darauf folgender Grabungen konnte v. a. der Archäologe Rüdiger Krause die Funktion des Ipf im hallstattzeitlichen Siedlungsbild Süddeutschlands entschlüsseln. Dabei dienten unter anderem monumentale Grabhügel beim Weiler Osterholz und Funde mediterraner Keramik als entscheidende Beweise dafür, dass der Ipf einst frühkeltischer Fürstensitz war. In Mitteleuropa sind davon bislang nur etwa ein Dutzend bekannt.

Als Bürgermeister ist es uns ein besonderes Anliegen, dass die keltische Geschichte des Ipf und seines Umfeldes auch weiterhin untersucht und einer breiten Öffentlichkeit erschlossen werden kann. Mit der Gründung eines Fördervereins „Keltischer Fürstensitz Ipf – Bopfingen und Kirchheim am Ries“ sollen archäologische Freilichtanlagen und ein Museumsprojekt gefördert werden. Einen Anfang bilden bereits die über LEADER+ geförderte Rekonstruktion des erforschten kleineren keltischen Fürstengrabes und die Errichtung eines Informationspavillons am Fuße des Ipf.

Eine Kommune allein oder, wie im vorliegenden Fall zwei kleine Kommunen, sind selbst nicht in der Lage, solch aufwändige Vorhaben zu finanzieren. Deshalb ist es uns ein besonderes Anliegen, dem Landesdenkmalamt Baden-Württemberg, Herrn Professor Dr. Dieter Planck und dem wissenschaftlichen Projektleiter Herrn Professor Dr. Rüdiger Krause, für ihr großes Engagement zu danken. Einen weiteren herzlichen Dank sprechen wir Herrn Landrat Klaus Pavel für vielfältige Initiativen und persönliches Engagement um die Keltenforschung am und um den Ipf bei Bopfingen aus.

DR. GUNTER BÜHLER
BÜRGERMEISTER
STADT BOPFINGEN

WILLI FEIGE
BÜRGERMEISTER
GEMEINDE KIRCHHEIM AM RIES

Vorwort

Sagen und Mythen ranken sich um den Ipf, den Berg, der die Menschen seit jeher in seinen Bann zog. Er weckt Emotionen, wird von Esoterikern vereinnahmt und von ihnen als „starker“ Platz oder gar als Kultplatz ausgewiesen. Die Wirkung seiner mächtigen Wall- und Grabensysteme prähistorischer Befestigungen ist vor dem Hintergrund der eindrucksvollen Landschaft tatsächlich atemberaubend. Schon seit dem 15. Jahrhundert n. Chr. gibt es den „Ipftanz,“, eine Bergfeier mit religiöser Prozession und anschließendem Festschmaus sowie eben Tanz. Am 10. Juli 1811 hat der Berg auch auf König Friedrich von Württemberg einen nachhaltigen Eindruck hinterlassen. So bedauerte er angesichts des überwältigenden Ausblicks auf Nördlingen und das Ries sehr, dass sechs Jahre zuvor beim Pressburger Frieden mit Napoleon das Ries nicht vollständig in seinen Herrschaftsbereich gelangen konnte. In Erinnerung an seinen Besuch wurde ab 1812 ein Fest mit Jahrmarkt veranstaltet, der seit 1837 als Ipfmesse am Fuße des Berges abgehalten wird und noch heute ein bedeutendes Ereignis für Bopfingen und die Umgebung ist.

Für die Archäologie ist es sicher ein Glücksfall, wenn sie durch Grabungen und Forschungen zur Entschlüsselung der Rätsel um die Geschichte eines solchen Berges beitragen kann. Dies gelang in jüngerer Zeit durch Entdeckungen, die zeigen, dass hinter den mächtigen Befestigungsanlagen aus keltischer Zeit ein Zentrum mit einer hierarchisch gegliederten Siedlungslandschaft rekonstruiert werden kann.

Das Projekt zur Erforschung und Präsentation der keltischen Geschichte des Ipf wird ermöglicht durch das Zusammenwirken mehrerer Institutionen und Personen: der Europäischen Union und dem Land Baden-Württemberg durch das Förderprogramm Leader+, dem Ostalbkreis mit Landrat Klaus Pavel, der Stadt Bopfingen mit Bürgermeister a.D. Bernhard Rapp, Bürgermeister Dr. Gunter Bühler und der Gemeinde Kirchheim am Ries mit Bürgermeister Willi Feige. Wichtig für die Unterstützung und künftige museale Vermittlung der wissenschaftlichen Ergebnisse ist der am 23. April 2004 gegründete Förderverein „Keltischer Fürstensitz Ipf – Bopfingen und Kirchheim am Ries“.

Die Förderung der wissenschaftlichen Forschung erfolgt seit 2004 durch die Deutsche Forschungsgemeinschaft in dem sechsjährigen Forschungsschwerpunkt „Frühe Zentralisierungs- und Urbanisierungsprozesse. Zur Genese und Entwicklung frühkeltischer Fürstensitze und ihres territorialen Umlandes“.

Allen Beteiligten gebührt ausdrücklicher Dank! Darin einzuschließen sind bei der Herausgabe dieses Bandes insbesondere die Mitautoren, die Ostalb-Stiftung der Kreissparkasse Ostalb, das Landratsamt Ostalbkreis, das Verlagsbüro Wais & Partner, Stuttgart, sowie die vorne in der Danksagung genannten Kolleginnen und Kollegen.

Frankfurt am Main, im Juni 2007

PROF. DR. RÜDIGER KRAUSE
INSTITUT FÜR ARCHÄOLOGISCHE WISSENSCHAFTEN
UNIVERSITÄT FRANKFURT

Bürgermeister Dr. Gunter Bühler bei der Besichtigung der Ausgrabungen auf dem Ipf zusammen mit Frau Daniela Euler und Prof. Dr. Rüdiger Krause im September 2006.

Der Ipf. Frühkeltischer Fürstensitz und Zentrum keltischer Besiedlung am Nördlinger Ries

RÜDIGER KRAUSE

Das Nördlinger Ries – Landschafts- und Kulturraum

Das Nördlinger Ries zählt mit seinen Randgebieten zu den bedeutendsten Altsiedellandschaften Süddeutschlands. Es liegt nördlich der Donau an der Trennlinie zwischen östlicher Schwäbischer Alb und Fränkischer Alb (Abb. 1, 2). Seine naturräumlichen Voraussetzungen boten gute Bedingungen für eine Besiedlung während aller vor- und frühgeschichtlicher Perioden. Sein flaches Becken von rund 30 km Durchmesser entstand in Folge eines Meteoriteneinschlags vor rund 14 Millionen Jahren. Der Einschlagskrater verfüllte sich mit Seeablagerungen, die während der letzten Eiszeit zu großen Teilen von Löss überdeckt wurden (Abb. 1). Die Beckenlage, die fruchtbaren Böden mit moderaten Niederschlägen und günstiger Jahrestemperatur boten zu allen Zeiten gute Bedingungen für eine ertragreiche Landwirtschaft.

Insbesondere seit dem 6. Jahrtausend vor unserer Zeitrechnung belegen die zahlreichen Zeugnisse und Bodenfunde der Jungsteinzeit, der Bronze- und Eisenzeit eine große Siedlungsdichte. In der Bronze- und Eisenzeit waren jedoch auch die hügeligen Landschaften der Riesränder und des Vorrieses ein bevorzugter Siedlungsraum, da die Kuppen und Berge oft ideale Voraussetzungen boten, befestigte Siedlungen in Schutzlagen zu errichten. Auf zahlreichen Höhen besonders des südlichen Riesrandes wurden während mehrerer vorgeschichtlicher Epochen Befestigungen und Opferplätze angelegt; dazu zählen insbesondere die Befestigungen auf dem Weiherberg, aber auch ein Brandopferplatz innerhalb des Ringwalles auf dem Rollenberg bei Hoppingen. Groß ist auch die Anzahl an Grabhügeln und Grabhügelnekropolen, die sich hauptsächlich in den weiten Wäldern der Riesränder erhalten haben.

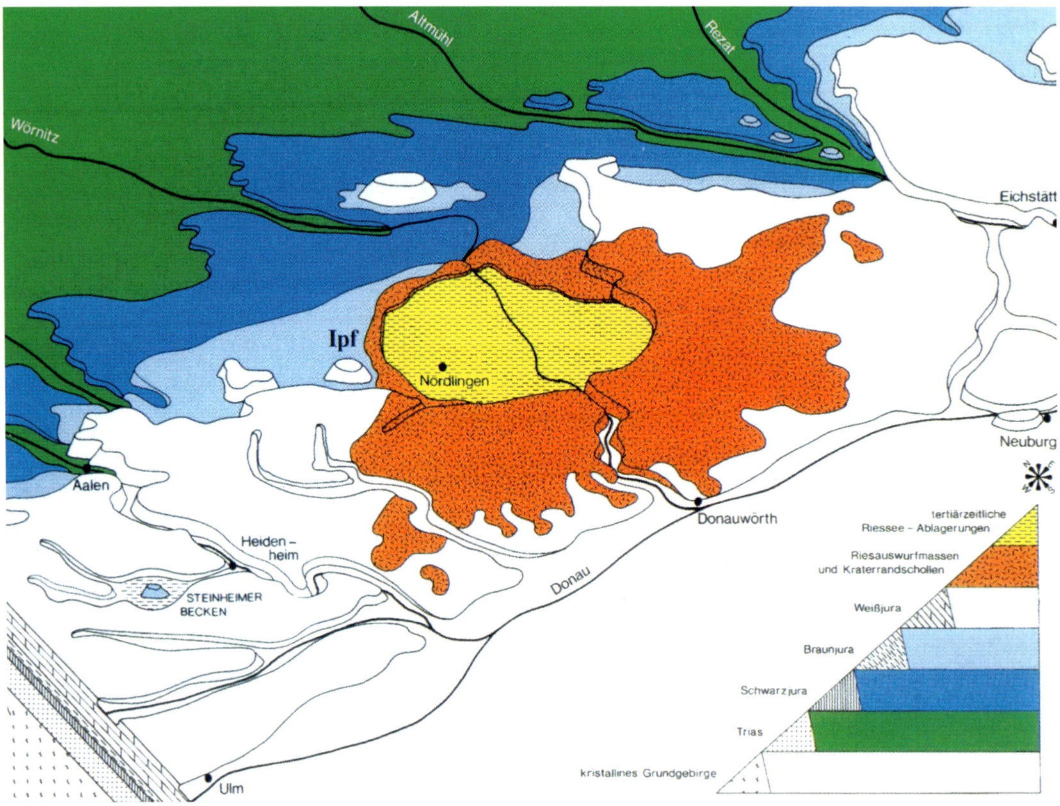

1 Geologisches Blockbild des Nördlinger Ries mit seinen Randlandschaften und den wichtigsten geologischen Formationen. Der Ipf liegt im Westen des Rieses und ist ein Zeugenberg des Weißen Jura.

2 Satellitenaufnahme des Nördlinger Ries, Landsat-Aufnahme des Deutschen Zentrums für Luft- und Raumfahrt (DLR).

Obwohl dieses Gebiet schon in vorgeschichtlicher Zeit sozusagen als Mittler zwischen Ost und West, zwischen den Kulturräumen Südbayerns und der Donau, zu jenen auf der Schwäbischen Alb und im Neckarland fungierte, kann es andererseits aufgrund seiner überschaubaren, in sich geschlossenen Landschaft auf eine eigenständige kulturelle Entwicklung zurückblicken.

Wichtige Voraussetzungen für das Verständnis der eisenzeitlichen Siedlungslandschaft stellen die verkehrsgeographischen Aspekte dar (Abb. 1, 2); hinzu kommen auf dem südlich anschließenden Härtsfeld bis in den Heidenheimer Raum reiche Bohnerzvorkommen, deren Ausbeutung in der Eisenzeit durch die auffallenden Konzentrationen von Grabhügeln und Viereckschanzen indirekt belegt werden kann. Die von den Auswurfschollen gebildeten und durch Erosion freigelegten Randhöhen und Berge haben eine große archäologisch fassbare Vergangenheit. Hier ist einmal der Goldberg, ein die Ebene um 60 m überragendes Plateau aus Riesseekalk und der den westlichen Rand des Rieses bestimmende mächtige Kegelstumpf des Ipf, der die Landschaft vor dem Albtrauf weithin sichtbar überragt (Abb. 4). Seine ausgedehnten Befestigungsanlagen und Siedlungsreste reichen zumindest bis in die späte Bronzezeit zurück. Im Umkreis des Ipfs gibt es eine große Zahl von Siedlungen, Gräberfeldern und Grabhügelgruppen der Hallstatt- und Latènezeit sowie keltische Viereckschanzen, Zeugnisse eines Siedlungszentrums während der älteren und jüngeren Eisenzeit.

Archäologische Topographie und Forschungsgeschichte

Am Westrand des Ries liegen mit den beiden befestigten Arealen auf Ipf und Goldberg Höhensiedlungen vor, die der Forschung bislang viele Rätsel aufgaben. Dabei stehen Fragen des gegenseitigen Verhältnisses und der sozialen Strukturen und Hierarchien im Mittelpunkt, es stellt sich aber auch die Frage, inwieweit der Ipf tatsächlich dem Kreis der frühkeltischen Fürstensitze zugeordnet werden kann. Die Befestigungen und Siedlungsflächen auf Ipf und Goldberg weckten schon früh das Interesse der Archäologen. Bislang konnte jedoch nur der Goldberg (Abb. 3, 19) dank der umfangreichen Ausgrabungen durch hallstattzeitliche Besiedlungsphasen und Befestigungen näher definiert werden, ohne dass die Frage nach dem Verhältnis seiner eisenzeitlichen Besiedlung zu dem in 4,5 km entfernt gelegenen Ipf erklärt werden konnte. Die Befunde der hallstattzeitlichen Besiedlung auf dem Goldberg mit befestigtem Hofareal (Abb. 19) ließen schon den Ausgräber Gerhard Bersu vermuten, dass es sich hier um den Sitz eines hallstattzeitlichen Burgherren handele.

Der 668 Meter hohe Ipf liegt zwischen der Schwäbischen und Fränkischen Alb und erhebt sich über der alten Reichsstadt Bopfingen (Abb. 5) als mächtiger Zeugenberg des Weißen Jura. Mit seinen mächtigen Befestigungssystemen (Abb. 12, 14) ist der Berg ein ebenso beeindruckendes wie bedeutendes archäologisches Kulturdenkmal, das weit über Süddeutschland Bekanntheit erlangt hat. Denn auf dem Ipf wurde einer jener frühkeltischen Fürstensitze vermutet, die in Südwestdeutschland, der Schweiz und in Ostfrankreich verbreitet sind (Abb. 6). Vielleicht waren es die reichen Eisenvorkommen (Bohnerze, Doggererze) auf dem Härtsfeld und im Vorland der Ostalb, die der Bevölkerung auf dem Ipf zu einer wirtschaftlichen und politischen Vormachtstellung verhalfen. Jedenfalls könnte die gute verkehrsgeographische Lage des

4 Der westliche Rand des Nördlinger Ries mit dem Goldberg (Höhe 514 m) im Vordergrund und dem die Landschaft weit überragenden 668 m hohen Ipf.

3 Luftbild des Goldbergs von Süden. Das Bergplateau aus Süßwasserkalk liegt 60 m über der Riesebene und bot in prähistorischer Zeit ideale Siedlungsbedingungen. Gut zu erkennen sind die Spuren des Steinbruchbetriebs, der Teile des Plateaus zerstört hat.

Ipf am westlichen Ausgang des Ries den Berg mit seinen schützenden Befestigungen als wichtigen Knotenpunkt im Fernhandelsnetz etwa zwischen der Donau und dem Main bzw. dem Neckarland erklären.

Neue archäologische Ausgrabungen

Die archäologische Forschung am Westrand des Nördlinger Ries zeigte eindrucksvoll, wie schnell und mit welcher Konsequenz sich neue Erkenntnisse durch den Einsatz unterschiedlicher Prospektionsmethoden gewinnen lassen und der Forschungsstand im Zuge von archäologischen Ausgrabungen erheblich erweitert werden kann. In jüngerer Zeit wurden seit 1989 durch das Landesdenkmalamt Baden-Württemberg verschiedene Rettungsgrabungen am Westrand des Ries im Bereich der Städte und Gemeinden Bopfingen, Riesbürg und Kirchheim durchgeführt und haben nach nunmehr 15 Jahren zu unerwarteten Ergebnissen und einer Neubewertung

5 Der Ipf erhebt sich als mächtiger Zeugenberg des Weißen Jura vor dem Trauf der östlichen Schwäbischen Alb, dem Härtsfeld. Zu erkennen sind die Wallanlagen, die zu verschiedenen prähistorischen Befestigungen gehörten.

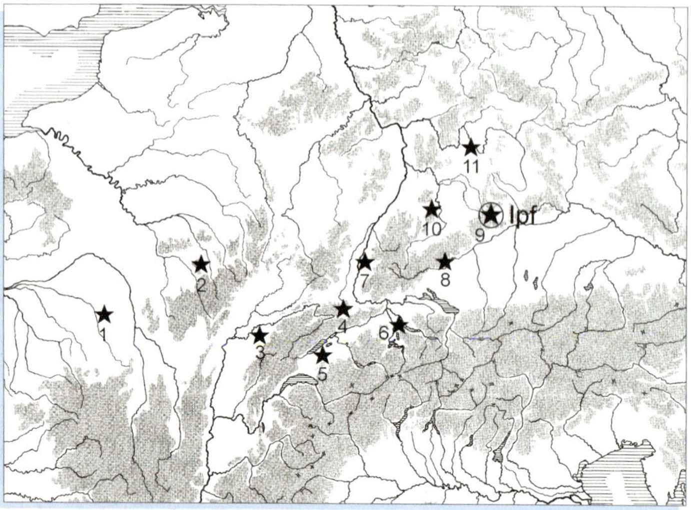

6 Bedeutende Fürstensitze der älteren Eisenzeit in Mitteleuropa.

8 Rekonstruktion der Verbrennung eines Toten in der älteren Eisenzeit. So darf man sich die Toten- und Begräbnisrituale bei der Grabhügelnekropole von Meisterstall vorstellen.

7 Luftbild der Grabhügelgruppe im Wald Meisterstall. Aufgrund der Schneemerkmale sind im Winter die Grabhügel und die Altwege zu erkennen.

der Siedlungslandschaft insbesondere für die Eisenzeit geführt.

Am westlichen Riesrand befinden sich auffallend viele Fundstellen der Eisenzeit, zu denen die bekannte große hallstattzeitliche Grabhügelgruppe bei Meisterstall (Abb. 7, 9), die keltische Viereckschanze bei Jagstheim (Abb. 11) oder der Goldberg mit seinen verschiedenen prähistorischen Besiedlungsphasen zählen (s. o.). Wesentliche neue Erkenntnisse haben zwischen 1989 und 1995 die Ausgrabungen in einer keltischen Siedlung am Ohrenberg bei Benzenzimmern und in den Industriegebieten Nord-Ost und Süd-Ost bei Bopfingen erbracht. Dort wurde eine keltische Viereckschanze mit umliegenden Siedlungsflächen (Abb. 76) und eine hallstattzeitliche Brandgräbernekropole ausgegraben. Jüngste Entdeckungen durch den Luftbildarchäologen Otto Braasch haben das Bild der eisenzeitlichen Siedlungsland-

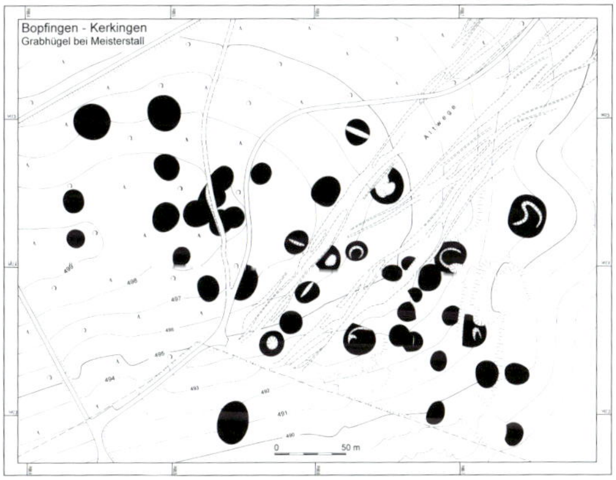

9 Wald Meisterstall bei Kerkingen, Stadt Bopfingen. Plan der großen Grabhügelgruppe, die ehemals über 60 Hügel zählte. Durch das Gebiet führten alte Wege, die auf dem Plan gut zu erkennen sind.

10 Hallstattzeitliches Brandgrab des Friedhofs von Bopfingen-Trochtelfingen, mit mehreren Keramikgefäßen als Beigaben.

Archäologisches Grabungsschutzgebiet Ipf–Goldberg

Nach dem baden-württembergischen Gesetz zum Schutz der Kulturdenkmale (Denkmalschutzgesetz – DSchG) von 1971 gilt für Grabungsschutzgebiete folgender Schutz:

§ 22 Grabungsschutzgebiete

(1) Die untere Denkmalschutzbehörde ist ermächtigt, Gebiete, die begründeter Vermutung nach Kulturdenkmale von besonderer Bedeutung bergen, durch Rechtsverordnung zu Grabungsschutzgebieten zu erklären.

(2) In Grabungsschutzgebieten dürfen Arbeiten, durch die verborgene Kulturdenkmale zutage gefördert oder gefährdet werden können, nur mit Genehmigung des Landesdenkmalamts vorgenommen werden.
Die bisherige land- und forstwirtschaftliche Nutzung bleibt unberührt.

Die 2004 durchgeführte Ausweisung dieses großen Grabungsschutzgebiets dient der Sicherung und Bewahrung der archäologischen Kulturdenkmale für zukünftige Generationen. Es ist vor allem untersagt, unerlaubte Nachforschungen etwa mit Metallsuchgeräten oder dem Spaten durchzuführen. Alle beweglichen archäologischen Funde sind darüber hinaus Eigentum des Landes Baden-Württemberg.

schaft um den Ipf wesentlich erweitert (s. u.).

Neben den einschlägigen Informationen aus den Ortsakten des Landesdenkmalamtes und der Tätigkeit von Sammlern sowie ehrenamtlich Beauftragten trugen sowohl die archäologische Flugprospektion durch Otto Braasch als auch geophysikalische Untersuchungen erheblich zu den neuen Entdeckungen bei. Geophysikalische Untersuchungen wurden von Harald von der Osten-Woldenburg (Landesdenkmalamt Baden-Württemberg) und von Arno Patzelt (Firma Terrana Geophysik aus Mössingen) durchgeführt. Ihre Ergebnisse haben das Verständnis verschiedener Kulturdenkmale erheblich erweitert und bildeten letztlich die Grundlage für die Schaffung archäologischer Reservatsflächen durch Aufkauf von Gelände und die Ausweisung eines großen Grabungsschutzgebietes in der Region um Ipf und Goldberg. Schließlich konnten aufgrund der Prospektionsergebnisse seit dem Jahr 2000 im Umkreis des Weilers Osterholz (Gemeinde Kirchheim am Ries) neue Ausgrabungen durchgeführt werden, die überraschende Funde und Erkenntnisse erbrachten.

Ein frühkeltischer Fürstensitz auf dem Ipf?

In der Diskussion über die so genannten frühkeltischen Fürstensitze Mitteleuropas stand der Ipf bei Bopfingen schon seit längerem im Verdacht, einer jener Punkte zu sein, deren Herren oder Fürsten in den Besitz südlicher Handelsgüter gelangten und versuchten, mediterranen Lebensstil nachzuahmen. Dafür sprachen zunächst Überlegungen allgemeiner Art, die von der eindrucksvollen Dominanz des Berges mit seinen Befestigungsanlagen und deren Wirkung auf die Umgebung (Abb. 5, 12) wie auch von seiner hervorragenden verkehrsgeographischen Lage ausgingen. Hinzu kommen Eisenerzvorkommen in der näheren und weiteren Umgebung auf der östlichen Schwäbischen Alb, die mögliche Grundlage der wirtschaftlichen Bedeutung sein konnten. Für den Ipf selbst fehlten

11 Die keltische Viereckschanze von Jagstheim, Gde. Kirchheim am Ries, ist, durch den Wald geschützt, noch sehr gut erhalten. Im Gelände sind Wall und die Mulde des ehemaligen Grabens gut erkennbar.

12 In den mächtigen und eindrucksvollen Wällen auf dem Ipf verbergen sich die Reste von Mauern mit vorgelagerten Gräben der Bronze- und Eisenzeit.

bislang eindeutige und überzeugende Belege.

Immerhin konnte man sich seit 1969 auf zwei Lesefunde von diesem Berg als Beleg für Kontakte mit dem Süden jenseits der Alpen stützen: auf eine kleine Scherbe einer schwarz gefirnissten attischen Trinkschale (eine Kylix aus der Zeit um 500) und das Fragment eines Gefäßes aus Sandkernglas, wahrscheinlich eines Fläschchens oder einer Tasse. Allerdings fanden sich bis jetzt im Umkreis des Ipf keine Großgrabhügel mit Prunkbestattungen. Diese gelten als Ausweis für nahe gelegene Burgen einheimischer Aristokratie. Überhaupt war das Siedlungsumfeld der älteren Eisenzeit in der Gegend am Ipf so gut wie unbekannt. Allein der nahe gelegene Goldberg mit seiner befestigten hallstattzeitlichen Siedlung war dank der frühen siedlungsarchäologischen Untersuchungen von Gerhard Bersu zu einer festen „Größe" der Vor- und Frühgeschichte Süddeutschlands geworden.

Siedlungsstrukturen spiegeln zu allen Zeiten gesellschaftliche Zustände wider. Schon die Wahl der Lage, erst recht die äußere Form einer Siedlung, besonders ob „offen" oder befestigt, ist nur aufgrund eines bestimmten gesellschaftlichen Hintergrunds zu interpretieren. Zeitbedingt sind auch gewisse Moden, bei denen sich oftmals regionale Schwerpunkte abzeichnen. Dies alles gilt nicht nur für historische Verhältnisse, sondern auch für die vor aller geschichtlichen Überlieferung liegenden Zeiten und Räume. Hier ist man also ganz wesentlich auf Siedlungen und Gräber angewiesen, will man gesellschaftliche Verhältnisse wenigstens ungefähr erfassen. Deshalb widmet die Archäologie diesen Erscheinungen schon lange zunehmende Aufmerksamkeit. Doch erst mit der Möglichkeit zu großflächiger Untersuchung und weiträumiger

13 In der Randbefestigung des Gipfelplateaus auf dem Ipf befindet sich nach den Untersuchungen Friedrich Hertleins eine 5 m breite Holzkastenmauer, die zusammen mit dem tiefen Graben eine eindrucksvolle Befestigung war.

Prospektion aus der Luft, wie sie sich in Europa im Verlauf des 20. Jahrhunderts allmählich eröffnete, konnten solche Beobachtungen vertieft, systematisiert und bis zur Skizzierung von Zustands-Rekonstruktionen geführt werden.

Unter diesem Aspekt haben einige burgartige, offenkundig befestigte Höhensiedlungen des 6. und 5. Jahrhunderts v. Chr. in Mitteleuropa, also der jüngeren Hallstatt- und der frühen Latène-Kultur, seit geraumer Zeit besondere Aufmerksamkeit schon deshalb auf sich gezogen, weil sich in ihrer Umgebung fast regelmäßig große und auffallend reich ausgestattete Grabhügel finden; seit 1877 spricht man von „Fürstengräbern". Deshalb haben auch Kurt Bittel und Adolf Rieth 1951 die Heuneburg an der oberen Donau, eine jener hallstattzeitlichen Burgen, als „Fürstensitz" bezeichnet, nachdem sie die ersten Ergebnisse ihrer Untersuchungen publizierten. Einen mächtigen Schub in der Erforschung dieser Kategorie von Siedlungen hat wenig später die Entdeckung des Fürstengrabes von Vix am Fuß des Mont Lassois unweit von Châtillon-sur-Seine bewirkt, das neben etruskischem Metallgeschirr einen mannshohen griechischen Bronzekrater mit silberner Schöpfschale und eine bemalte attische Trinkschale (Kylix) erlesener Qualität enthielt. Einen weiteren Höhepunkt bildete die Entdeckung und Untersuchung des Fürstengrabes von Eberdingen-Hochdorf im weiteren Umkreis des Hohenaspergs bei Ludwigsburg. Die fortschreitende Untersuchung der Heuneburg führte Wolfgang Kimmig 1969 zu einer Konzeption dieser „Fürstensitze" und „Fürstengräber" zusammen. Dieses „Fürstensitzkonzept" Kimmigs wurde seit 1988 vor allem durch Manfred K. H. Eggert kritisch beleuchtet und hat in den vergangenen Jahren zu differenzierten Betrachtungen geführt.

Die eisenzeitliche Siedlungslandschaft am Westrand des Nördlinger Ries

Die Vermutung, dass es sich beim Ipf um einen Fürstensitz der älteren Eisenzeit handelt (Abb. 6), hat durch neue Entdeckungen und Ausgrabungen unerwartete Bestätigung erfahren und die Bedeutung seiner Befestigungen sowie des Siedlungsumfeldes unterstrichen. Auch wurden in Eisenerzvorkommen und Verhüttungsnachweisen im Vorfeld des Berges Zeugnisse von den wirtschaftlichen Grundlagen der Burg gewonnen. Zugleich ergaben sich Hinweise für das Verhältnis der beiden benachbarten hallstattzeitlichen Siedlungen und Befestigungen auf dem Ipf und dem Goldberg, die zu einem neuen Verständnis der ältereisenzeitlichen Siedlungslandschaft am Nördlinger Ries führen. Wie in so vielen Fällen verdanken wir die

OPIA – OPIE – zum antiken Namen des Ipf

Die antike Bezeichnung des Ipf ist wahrscheinlich auf die vorgeschichtliche Bezeichnung OPIA zurückzuführen, von der sich wiederum die auf der Tabula Peutingeriana überlieferte antike Nennung OPIE ableiten lässt. Die Ortsbezeichnung OPIE bezieht sich dabei wohl auf das zu Füßen des Ipf gelegene römische Kastell mit Zivilsiedlung in Oberdorf, Stadt Bopfingen. Es ist aber nicht auszuschließen, dass damit auch eine 1990 ausgegrabene römische Straßenstation gemeint sein könnte, die bei Flochberg (Stadt Bopfingen) südöstlich des Ipf im Egertal liegt.

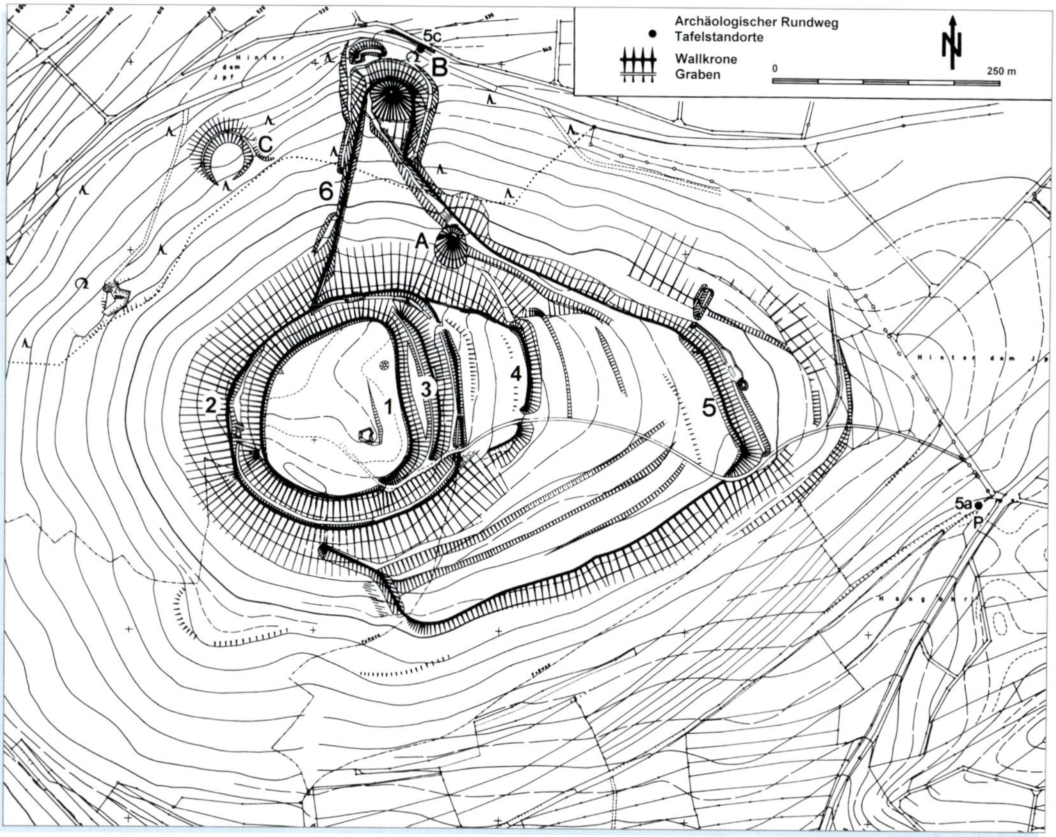

14 Ipf bei Bopfingen. Topographische Aufnahme der vorgeschichtlichen Wälle und Befestigungen des Ipf auf der Grundlage der topographischen Aufnahme von H. Schiefer im Jahre 1960. Die Wallkronen sind durch schwarze Linien hervorgehoben und die wichtigsten Wälle nummeriert. Bei den Befunden A, B und C handelt es sich um trichterfömige Vertiefungen, die als Wassergruben oder Zisternen gedeutet werden.

neuen Entdeckungen dem „wachsamen Auge“ von Otto Braasch, der nach 25 Jahren beharrlicher und systematischer Flugprospektion im Nördlinger Ries 1998 bis 2001 völlig neue Entdeckungen machte. Heute wissen wir, dass Überlegungen zu Stellung und Bedeutung der Befestigungen auf dem Ipf als auch ihr Verhältnis

Der Weg auf den Ipf

Der moderne Weg zum Gipfel dürfte im Wesentlichen dem vorgeschichtlichen Zugang entsprechen. Er führt durch eine im Bereich der untersten Befestigung (5) vermutete Toranlage. An einem zweiten Wall (4, Zwischenwall) vorbei erreicht man einen eindrucksvollen Zwischenwall (3), der hier eine zusätzliche Sicherung des Gipfelplateaus gegen die flache Ostseite bildet.

Kernstück der Befestigung ist das ovale Gipfelplateau, dessen größter Durchmesser 185 m beträgt. Es liegt 210 Meter über der Niederung der Sechta und bietet mit seinen nach Norden, Westen und Süden steil abfallenden Flanken einen hervorragenden natürlichen Schutz. Den Hauptteil der Befestigung bilden der Randwall (1) um das Gipfelplateau und der etwa 10–15 m tiefer gelegene Graben (2).

An der Nordseite verlaufen kleinere Wallsysteme (6) von der Gipfelbefestigung aus bergabwärts. Sie schließen die als Wasserschächte bzw. als Brunnen gedeuteten Trichtergruben „Löffel“ (B) und „Pfanne“ (A) in das Befestigungssystem mit ein. Weiter im Westen liegt außerhalb der Befestigung die größte der drei Trichtergruben, der „Kessel“ (C). Alle liegen im Bereich von Quellhorizonten an der Grenze zwischen verschiedenen Schichten des Juragesteins.

Friedrich Hertlein

Geboren am 4. April 1865 in Lehrensteinsfeld, gestorben am 26. Oktober 1929 während einer Führung für den Württembergischen Geschichts- und Altertumsvereins auf der Steig in Bad Cannstatt.

Hertlein studierte am evangelisch-theologischen Seminar in Tübingen alte Sprachen und schloss mit der philosophischen Doktorwürde ab. Als Lehrer und Gymnasialprofessor wirkte er u. a. an Gymnasien in Crailsheim und in Ludwigsburg; zwischen 1906 und 1918 war er in Heidenheim.

In enger Zusammenarbeit mit dem damaligen Landesamt für Denkmalpflege führte er zahlreichen Grabungen und Forschungen im ganzen Land durch. Während seiner Zeit in Heidenheim unternahm er 1907 die Ausgrabungen auf dem Ipf; im Jahre 1912/13 entdeckte der das Kastell Oberdorf bei Bopfingen.

Noch heute sind seine Arbeiten zum römischen Straßenwesen von grundlegender Bedeutung; kurz vor seinem Tod übergab er das Manuskript für den 1932 erschienen zweiten Teil der „Die Römer in Württemberg" zu den Straßen und Wehranlagen.

zum Goldberg über die neuen Entdeckungen hinaus aber auch die genaue Kenntnis des unmittelbaren Siedlungsumfeldes erfordern.

Wichtig für das Verständnis der eisenzeitlichen Kulturlandschaft ist die Verkehrsgeographie. Durch diese wird rasch deutlich, dass der Ipf mit seinen Befestigungen ein beherrschender Knotenpunkt war, der auch Bedeutung für das überregionale Fernhandelsnetz hatte. Denn das Ries bietet von der Donau her einen natürlichen Durchgang zwischen der östlichen Schwäbischen Alb und der Frankenalb (Abb. 2). Folgt man dem Trauf der Schwäbischen Alb nach Westen bis in das Aalener Becken, dann gelangt man das Remstal abwärts ins Neckarland.

Davon ganz abgesehen: Das südlich anschließende Härtsfeld ist reich an Bohnerzvorkommen, die schon lange als bedeutender Faktor für die Wirtschaft der Ipf-Region vermutet wurden; die auffallende Vielzahl eisenzeitlicher Grabhügel und Viereckschanzen bis in den Heidenheimer Raum wurde entsprechend gedeutet.

Der Ipf – eine mächtige Burg

Schon früh hat der Ipf mit seinen markanten Befestigungen (Abb. 12) die Aufmerksamkeit historisch interessierter Betrachter und der Archäologen auf sich gezogen. Dennoch ist der Berg bisher unzureichend erforscht. Unsere Vorstellung von seiner Geschichte und Archäologie beruhte bisher wesentlich auf den Untersuchungen der Jahre 1907 und 1908, durch den Heidenheimer Gymnasialprofessor und Mitarbeiter des Staatlichen Amtes für Denkmalpflege in Württemberg, Friedrich Hertlein. Er hat damals das Plateau, die Wälle und die unterste Terrassenkante mit der äußeren Befestigung sondiert.

Das Gipfelplateau des Ipf hat bei einem Durchmesser von 185 m eine Fläche von 2,4 Hektar (Abb. 16). In dessen Randbefestigung konnte Hertlein eine etwa 5 m breite Holzkastenmauer feststellen, dahinter bis zu 1,5 m mächtige „Kulturschichten". Unterhalb des Gipfelplateaus erstreckt sich nach Osten ein gestaffeltes System von Mauern und Gräben (Abb. 13), das im Norden weit an den Fuß des Berges hinabgreift und zwei Wasserstellen einschließt (Abb. 14).

In dem äußeren Wall (Abb. 14, Nr. 5), der die Ostflanke bis fast an den Hangfuß umfasst, konnte Hertlein im Osten eine Pfostenschlitzmauer (Abb. 15) freilegen, die auf den Resten einer älteren Befestigung fußt. Eine kammstrichverzierte Scherbe und ein bronzenes Radamulett legten die

15 Bei den Ausgrabungen 1907/08 konnte Friedrich Hertlein im äußeren Wall Nr. 5 eine sog. Pfostenschlitzmauer nachweisen, die für keltischen Mauerbau charakteristisch ist.

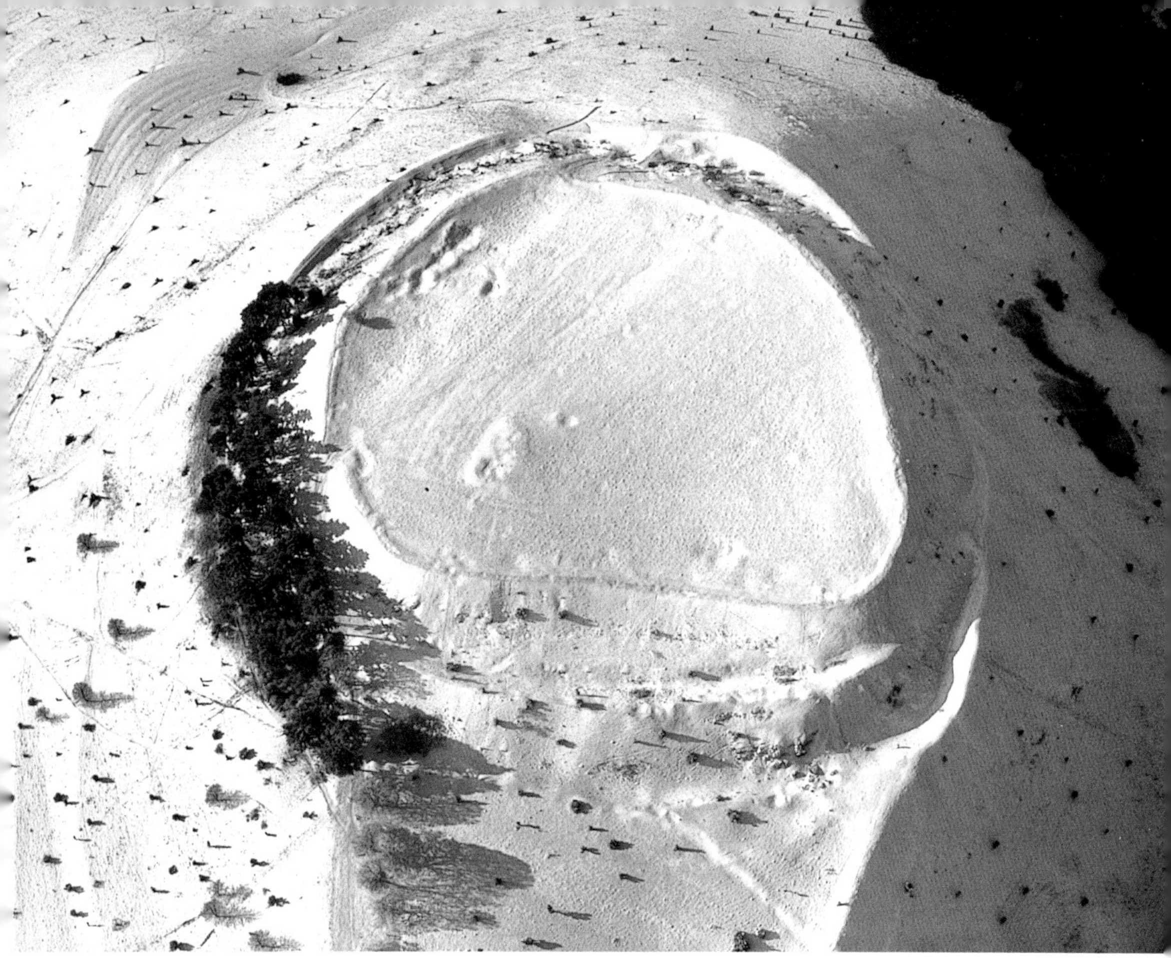

16 Das knapp 2,4 Hektar große Gipfelplateau des Ipf (668 m) wird von einer mächtigen Randbefestigung umgeben und stellt das Kernstück der Befestigungen auf dem Ipf dar. In historischer Zeit wurde auf dem Gipfelplateau sogar Ackerbau betrieben, wovon heute noch die auf dem Luftbild erkennbaren Feldflächen und Ackerfurchen zeugen.

Vermutung nahe, dass die Mauer in der jüngeren Latènezeit zur Befestigung einer Großsiedlung ausgebaut wurde. Dieser äußere Wall (Nr. 5) umschließt eine Fläche von 11,5 Hektar, wovon sich nur etwa knapp 7 Hektar in den flacheren Bereichen im Osten und Süden für eine mögliche Besiedlung eignen. Lese- und Ausgrabungsfunde sowie die Beobachtungen Hertleins zu Konstruktionen der in den Wällen verborgenen „Mauern" stellen heute die relativ schmale Basis für eine Beurteilung der Archäologie des Berges dar. Die von Hertlein 1911 publizierte Fundtafel (Abb. 17) veranschaulicht die zeitliche Breite der Besiedlung des Ipf, die von der Jungsteinzeit bis in die jüngere Eisenzeit reicht. Die Mehrzahl der neueren Lesefunde ist Keramik der spätbronzezeitlichen Urnenfelderkultur; hallstattzeitliche Scherben fanden sich dagegen in geringeren Mengen.

Im Gegensatz zum Ipf, wo Friedrich Hertlein nur klein begrenzte Sondagen vorgenommen hat, erlangte der nur 4,5 km entfernt gelegene Goldberg (Abb. 4) durch die Untersuchungen, die Gerhard Bersu 1911 und dann in den 1920er-Jahren vorgenommen hatte (Abb. 18, 19), geradezu Berühmtheit in der europäischen Archäologie. Auf dem Klotz aus Süßwasserkalk, der die Ries-Ebene um etwa 60 m überragt, hat Bersu erstmals großflächige Schichtgrabungen durchgeführt, die zeigten, dass der Goldberg vom mittleren Neolithikum bis in die ältere Latènezeit wiederholt besiedelt war.

Die hallstattzeitlichen Befunde lassen sich allerdings heute nicht mehr im Detail rekonstruieren, sodass weder die Gehöfte einzeln noch die hallstattzeitliche Siedlungsabfolge insgesamt zuverlässig rekonstruiert werden können (Abb. 19). Anders ist es bei den wichtigsten Befunden der das Plateau umgebenden Holz-Erde-Mauer, in deren Nordostecke

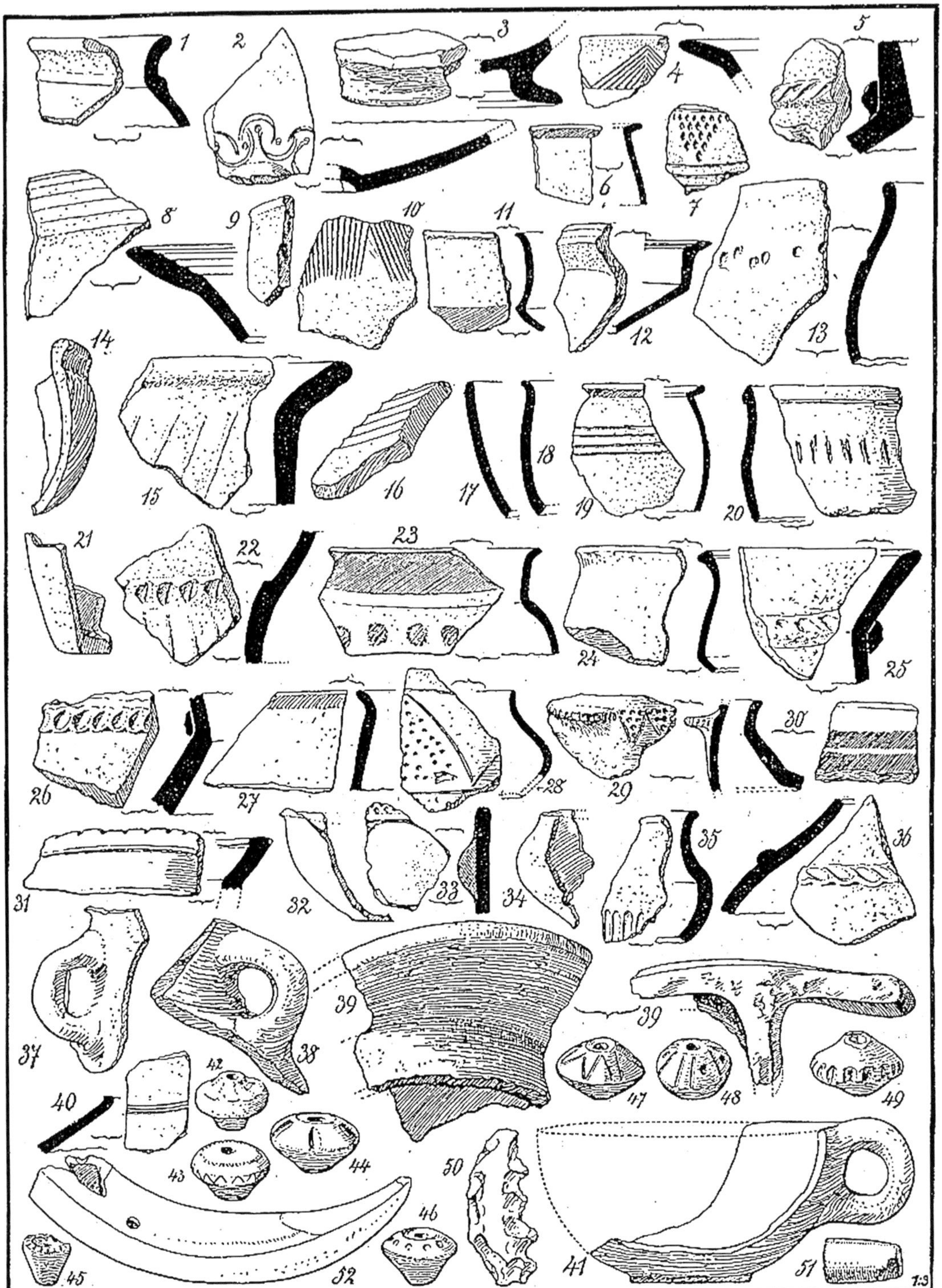

17 *Friedrich Hertlein veröffentlichte 1911 eine Auswahl von Funden vom Ipf, die zeigen, dass von der Jungsteinzeit über die Bronzezeit bis in die Eisenzeit Belege für eine Begehung oder Besiedlung des Berges vorliegen.*

ein mindestens 40 × 40 m großer, umfriedeter Bezirk mit eigentümlicher Bebauung lag. Dieser wird seit Bersu als Sitz des Burgherrn interpretiert und mit den von Palisaden und Gräben umfriedeten Anlagen vom Typus der späthallstattzeitlichen „Herrenhöfe“ Südbayerns in Verbindung gebracht.

18 Goldberg, Riesbürg-Goldburghausen. Aufnahme der Grabungen von Gerhard Bersu aus den 20er-Jahren des 20. Jahrhunderts.

19 Plan der hallstattzeitlichen Siedlungsreste auf dem Goldberg. Er wurde nach den Ausgrabungen von Gerhard Bersu angefertigt und von Herrmann Parzinger neu bearbeitet.

⇢ Der Ipf und sein Umland: ein Herrschafts- und Wirtschaftszentrum in der Eisenzeit?

Wesentlich besser erforscht als die Anlagen auf dem Ipf selbst ist mittlerweile die eisenzeitliche Siedlungslandschaft im Umfeld (Abb. 20): Am westlichen Riesrand befinden sich auffallend viele archäologische Fundstellen der Eisenzeit, zu denen die bekannte große hallstattzeitliche Grabhügelgruppe bei Meisterstall (Abb. 9), die keltische Viereckschanze bei Jagstheim (Abb. 11) oder der Goldberg mit seinen verschiedenen prähistorischen Besiedlungsphasen zählen. Bei Unterriffingen wurde 1958 eine unversehrte Grabanlage der ältere Hallstattzeit (Stufe C, ca. 7. Jh. V. Chr.) in einem Grabhügel geborgen, die einen Geschirrsatz von über 30 Gefäßen enthielt. Dabei fand sich auf einem Häufchen und in einem Gefäß, das als Urnenbehältnis diente, Leichenbrand. Es könnte sich hierbei um die Brandbestattung von zwei Personen handeln.

Wichtige neue Erkenntnisse haben zwischen 1989 und 1995 die Ausgrabungen in einer keltischen Siedlung am Ohrenberg (Abb. 23) bei Benzenzimmern und in den Industriegebieten Nord-Ost und Süd-Ost im Egertal bei Bopfingen gebracht. Dort grub man am Rande der Talaue und teilweise auf dem Sedimentfächer eines kleinen Seitentals eine keltische Viereckschanze mit älteren und zeitgleichen Siedlungsarealen sowie eine hallstattzeitliche Brandgräbernekropole aus. Insbesondere im breiten Tal der

20 Die Siedlungslandschaft der älteren Eisenzeit im Umfeld von Ipf und Goldberg am Westrand des Nördlinger Ries. Kartengrundlage: orohydrographische Karte L7128, Nördlingen.

Befestigte Höhensiedlung
Siedlungen
Siedlungen allg. Eisenzeit
Rechteckhof
Grabhügel
Grabhügel Zeitstellung ungewiss
Großgrabhügel
Bronzestatuette Ehringen

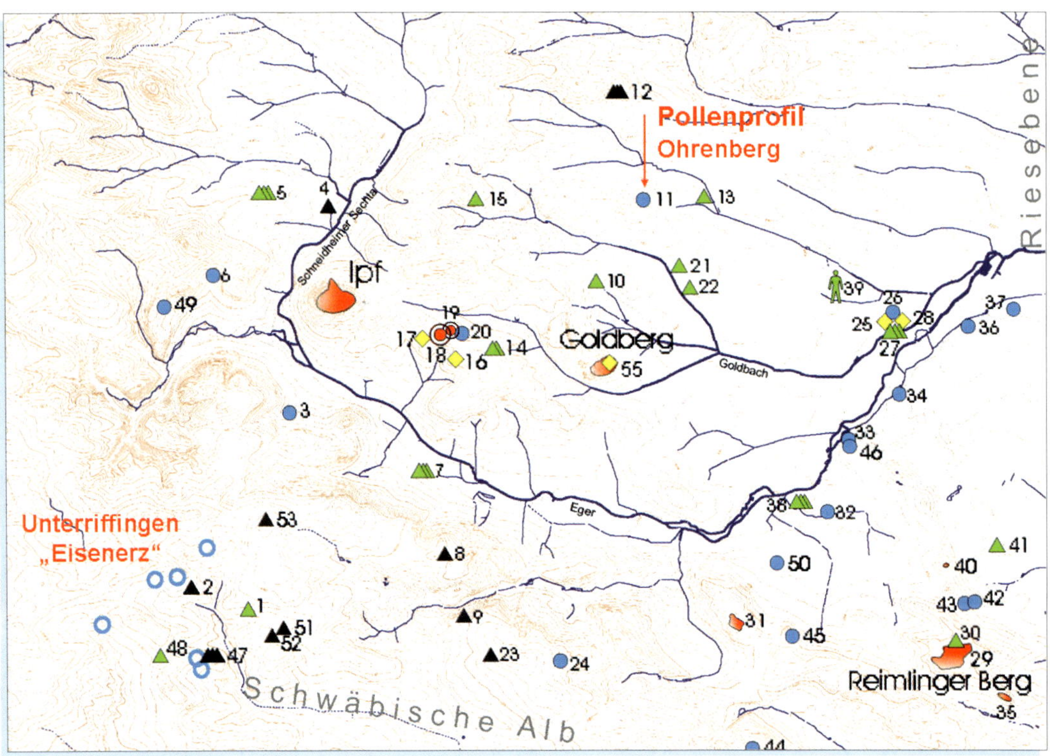

21 Die Ausgrabungen 2000/2001 im Gewann Zaunäcker, wo die rostbraune Färbung des Untergrunds auf Eisenflöze im Braunen Jura schließen lässt.

Eger als auch zur Riesebene hin finden sich zahlreiche eisenzeitliche Siedlungen (Abb. 20), die meist nur durch Lesefunde oder kleine Aufschlüsse bei Erdarbeiten bekannt wurden. Die im Zuge der Luftbildprospektion gemachten jüngsten Entdeckungen der Rechteckhöfe beim Weiler Osterholz haben das Bild der eisenzeitlichen Siedlungslandschaft am Westrand des Nördlinger Ries nun um wesentliche Aspekte erweitert.

Die neuen Erkenntnisse machten neugierig und führten in den Jahren 2000 und 2001 zu Ausgrabungen des Landesdenkmalamtes Baden-Württemberg, wobei auf einem Höhenrücken, der sich vom Ipf aus bis zum Goldberg erstreckt (Abb. 72), hallstattzeitliche Rechteckhöfe zutage kamen. Dort in der Umgebung des Weilers Osterholz, Gemeinde Kirchheim am Ries, wurden im Braunen Jura zahlreiche Eisenflöze mit Eisenerzen und Eisenkrusten, einem Verwitterungsprodukt, gefunden. Zunächst fiel dabei die rostbraune Farbe des Ackerbodens und seine krümelige bis sandige Konsistenz auf. Schon an der Oberfläche lagen zahlreiche Eisenkonkretionen und Eisenkrusten. Nach Entfernen der nur 20 cm mächtigen Pflugschicht waren rostbraun bis violette Verfärbungen von Eisenflözen deutlich erkennbar (Abb. 21), die in unregelmäßigen Zonen durch das Gelände ziehen. Es handelt sich dabei um typische Eisenerzflöze des Braunen Jura im Vorland der Schwäbischen Alb, wie sie etwa in Wasseralfingen bei Aalen bis in die Neuzeit abgebaut und industriell genutzt wurden. In den Grabungsflächen erstreckten sich mehrere Eisenflöze, in die zahlreiche Gruben und Gräben eingetieft waren. Spuren eines systematischen Abbaus waren nicht erkennbar.

In zwei Siedlungsgruben der späten Hallstattzeit wurden außerhalb der Palisadenanlagen kleine Schlacken (Abb. 22) gefunden; weitere Hinweise auf Eisenverhüttung ergaben sich nicht. Die Ursache liegt wohl in den schlechten Erhaltungsbedingungen durch Abtragung der obersten Erdschichten im Zuge der landwirtschaftlichen Nutzung, sodass auf dem Geländerücken schon viele flache Eintiefungen abgetragen und

22 Osterholz, Gemeinde Kirchheim am Ries. Kleine Verhüttungsschlacken bezeugen die späthallstattzeitliche Eisenverhüttung im Umfeld der Rechteckhöfe.

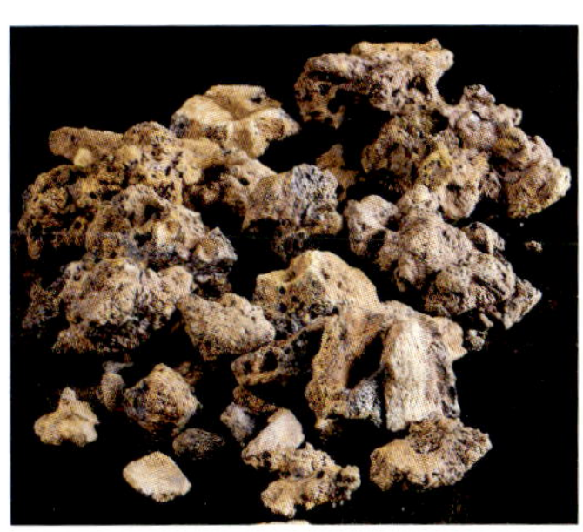

zerstört sind. Die mineralogische und chemische Untersuchung der Schlacken durch Guntram Gassmann aus Tübingen ergab, dass sie zur Gruppe der Rennfeuerschlacken zählen und einem primären Produktionsprozess zuzuordnen sind, der nur eine begrenzte Eisenausbeute zuließ. Die Schlacken sind ein erster wichtiger Beleg für eine frühe, wenn auch prozesstechnisch noch einfache Eisenproduktion aus der Zeit um oder nach 500 v. Chr.

Bei jüngsten Geländeuntersuchungen durch G. Gassmann wurden auf der Ostalb in Sichtweite des Ipf um die Ortsteile Unter- und Oberriffingen der Stadt Bopfingen in umgelagerten Bohnerzlehmen (Bolus) zahlreiche Vorkommen von Bohnerzen und mehrere neue eisenzeitliche Siedlungsplätze mit Schlackenfunden noch unbekannten Alters gefunden. Durch weitere Untersuchungen muss geklärt werden, ob in diesem Bereich tatsächlich eine keltische Eisenproduktion stattgefunden hat.

Die durch verschiedene Hinweise und Befunde anzunehmende Eisenproduktion während der älteren Eisenzeit in unmittelbarer Nähe des Ipf bezeugt eine wichtige Grundlage für die wirtschaftliche und damit politische Entwicklung der Region in dieser Zeit.

Bronzemetallurgen am Ohrenberg

Der Ohrenberg ist am Westrand des Nördlinger Ries eine jener Erhebungen, die weit in die Riesebene nach Osten vorgeschoben sind und markante Geländepunkte am Rande der Rieslandschaft bilden (Abb. 23). Die Kuppe

23 Blick in die südliche Riesebene mit der Stadt Nördlingen. Links im Vordergrund der Ohrenberg, an dessen Ostabhang sich die eisenzeitlichen Siedlungen befinden.

des Ohrenbergs, von der Sichtverbindung zum 5,5 km entfernten Ipf besteht, liegt etwa 3 km nördlich des Goldbergs auf der Gemarkung von Kirchheim am Ries, Ortsteil Benzenzimmern.

Das landwirtschaftlich genutzte Gebiet zwischen den Gemeinden Benzenzimmern und Goldberghausen stellt sich als ein halbkreisförmiger, in sich zweigeteilter Dellentalanfang dar, der an dem 494 m hohen Ohrenberg beginnt und nach Osten zur Riesebene hin auf unter 440 m abfällt. Am Übergang zur Riesebene ist ein Quellhorizont, der heute von einem Graben entwässert wird.

Am östlichen Hangfuß des Ohrenbergs befindet sich in einer Mulde am Übergang zur Riesebene im Bereich des Quellhorizontes ein Siedlungsplatz der älteren Eisenzeit (Abb. 24, 25), zudem Reste eines römischen Gutshofs (villa rustica). Nach dem Pflügen wurden hier immer wieder Funde aufgelesen, die Herr Emil Büttner aus Bopfingen, ein ehrenamtlich Beauftragter des Landesdenkmalamtes, sorgfältig sammelte und kartierte. Diese Lesefunde streuen dabei über ein Areal von etwa 120 m mal 100 m. Zu den Funden gehört ein nahezu vollständiges späthallstattzeitliches Fibelspektrum, das durch jüngere Fibeln der Früh- und Mittellatènezeit (Abb. 26) ergänzt wird. Neben der entsprechenden Keramik, die mit scheibengedrehten Formen, Kammstrich- und Graphittonkeramik bis an die mittlere Latènezeit reicht, fielen insbesondere zahlreiche Funde aus tiefblauem Glas auf, zahlreiche Perlen und Bruchstücke von Armringen (Abb. 27).

Im Zuge von Ausgrabungen zwischen 1989 und 1994 wurden im Zentrum des Lesefundareals zwei etwa 50 und 100 m lange Grabungsschnitte mit 6 m Breite geöffnet. Unter dem Ackerhumushorizont deckte man eine Kulturschicht auf, die im nördlichen, höher gelegenen Teil noch 25–30 cm mächtig, im südlichen Abschnitt gegen eine Geländemulde zu jedoch nur noch 10–15 cm hoch erhalten war (Abb. 25). In der schwarz verfärbten Kulturschicht fanden sich zahlreiche Funde wie Wandlehm, Keramik, Spinnwirtel, Tierknochen und verschiedene Kleinteile, die in das späte 6. und frühe 5. Jahrhunderts vor Chr., also in die späte Hallstattzeit, datieren. Archäologische Befunde wie Pfostengruben oder Gräbchen konnten dagegen nicht beobachtet werden. Unter dieser Kulturschicht waren im anstehenden Hanglehm Gruben, Pfosten und Gräbchen ehemaliger Holzbauten aus dem 5. und 4. Jh. vor Chr., also der frühen Latènezeit, eingetieft und erhalten.

Es stellte sich schließlich heraus, dass es sich bei der so genannten Kulturschicht um verlagerte Schichten handelte, die als Kolluvium von einer im Gelände höher gelegenen Siedlung der späten Hallstattzeit abgetragen worden waren. Die ursprüngliche Siedlung lag wohl in den Arealen der nordwestlich anschließenden „Letten" oder auch „Loh" genannten Fluren.

In den Grabungsschnitten kamen zwischen den Gräbchen Strukturen zum Vorschein, die mit Bronzeverarbeitung in Verbindung zu bringen sind. Neben Ansammlungen verbrannten Lehms, zwischen denen sich Gusstropfen und Gusstiegelfragmente fanden, lag eine etwa 50 x 40 cm große Fläche aus mehreren Platten vollständig durchgeglühter Muschelkalksteine. Die zahlreichen Schlacken aus der Umgebung verstärkten die Vermutung, dass es sich um die Reste des Arbeitsplatzes eines Bronzehandwerkers handeln könnte. Hinzu kommt,

24 Luftbild der Ausgrabungen von 1994 im Bereich der eisenzeitlichen Siedlungen am Ohrenberg.

25 Die Ausgrabungen von 1994 im Bereich der eisenzeitlichen Siedlungen am Ohrenberg Kirchheim am Ries, Ortsteil Benzenzimmern.

dass im näheren und weiteren Umkreis des durch die Gräbchen markierten Areals zwei Gusszapfen (Abb. 26,4.5; 28) und verschiedene Gussrohlinge, ein ausgehämmertes Halbfabrikat (Abb. 26,2), sowie ein Halbfabrikat mit Öse und Hammerspuren (Abb. 26,1) – eventuell für einen Halsring mit Ösenende – gefunden wurden. Sicher handelt es sich dabei um die Reste des Werk- oder Schmelzplatzes einer Bronze verarbeitenden Werkstatt.

Unter den Funden sind auch Scherben späthallstattzeitlicher Drehscheibenware zu nennen, wie sie bei den Ausgrabungen der Rechteckhöfe beim Weiler Osterholz in den Jahren 2000 und 2001 zutage kamen. Ungewöhnlich und überraschend sind die Lesefunde von zwei kleinen Bodenscherben mediterraner Gefäße mit schwarzem Firniss (attische oder in Italien hergestellte Keramik?), die zwischen 2001 und 2003 aufgesammelt wurden. Die mediterrane Keramik unterstreicht die Bedeutung der Fundstelle im Hinblick auf ihre Nähe zu dem frühkeltischen Fürstensitz auf dem Ipf.

Das für eine Flachlandsiedlung reichhaltige und qualitätvolle

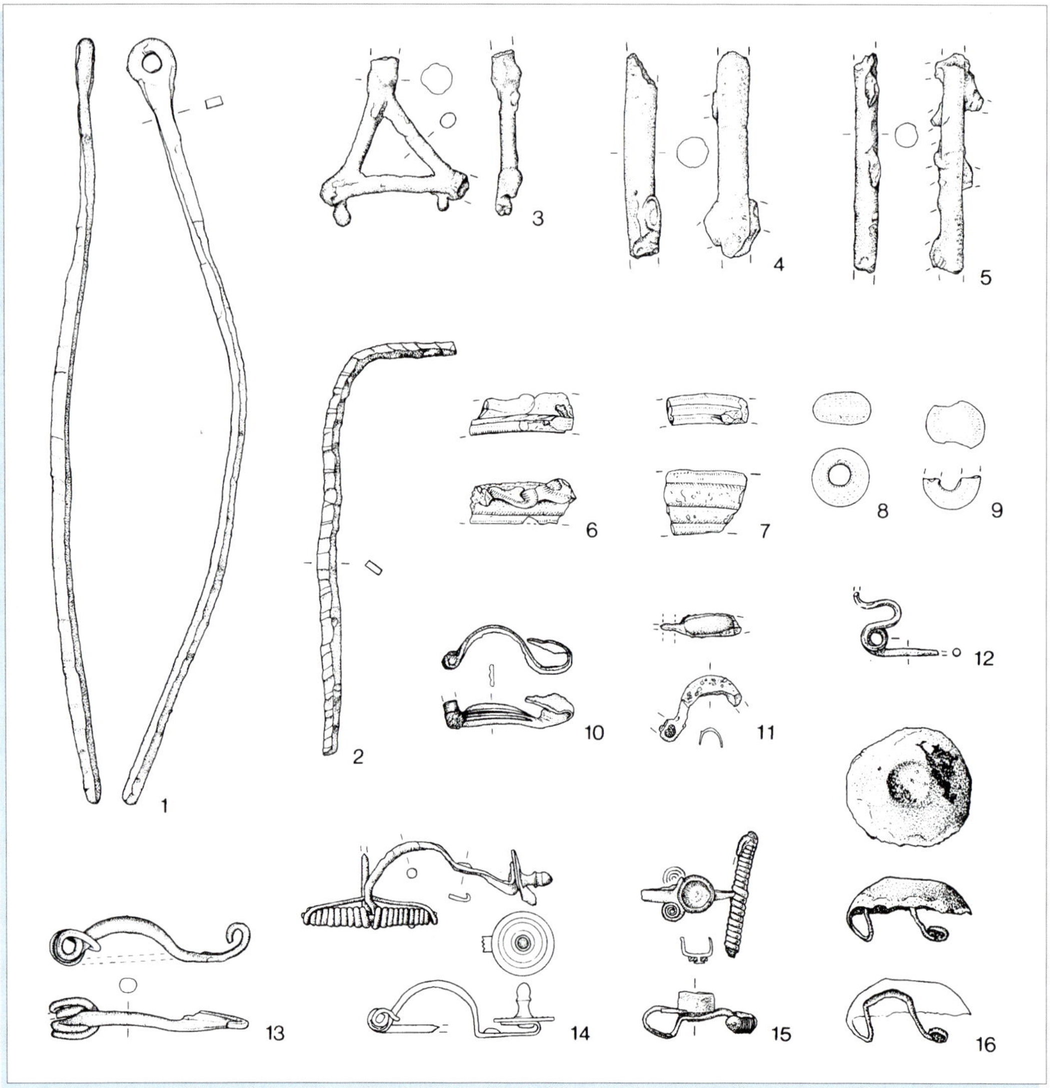

26 Funde vom Ohrenberg, Ortsteil Benzenzimmern. Bronze- und Glasfunde. Gussreste (Nr. 4,5) und Gussrohlinge (Nr. 3) sowie ausgehämmerte Halbfabrikate (Nr. 1,2) belegen die Bronzeverarbeitung.

27 Glasfunde vom Ohrenberg. Perlen und Fragmente von Latènezeitlichen Armringen. Ein Rohglasstück zeigt, dass auch Glas verarbeitet wurde.

Fundmaterial stellt die Frage nach der Funktion und Bedeutung dieses Siedlungsplatzes, der vom späten 6. bis zum beginnenden 4. Jh. v. Chr. bestand. Gerade hier im Umfeld der prominenten Höhensiedlungen von Ipf und Goldberg mit den eisenzeitlichen Besiedlungen und Befestigungen stellt sich die Frage nach ihrem Verhältnis zu den umliegenden Flachlandsiedlungen. Es ist durchaus vorstellbar, dass spezialisierte handwerkliche Tätigkeiten im Umfeld dieser Höhenburgen in abhängigen Siedlungen ausgeübt wurden und darin Strukturen einer komplexen eisenzeitlichen Siedlungslandschaft erkennbar werden.

Rechteckhöfe mit Palisadenumwehrungen beim Weiler Osterholz

Im Jahre 1998 hat Otto Braasch zu Füßen des Ipf südöstlich des Weilers Osterholz (Gemeinde Kirchheim am Ries) im Gewann „Zaunäcker" Gräbchen, die rechteckige Strukturen bildeten, entdeckt (Abb. 29). Sie liegen auf halber Strecke zwischen Ipf und Goldberg auf einem Geländerücken (Abb. 72) über der breiten Talaue der Eger. Das topographisch exponierte Gelände ist heute ackerbaulich intensiv genutzt, sodass eine akute Gefährdung der archäologischen Substanz gegeben war. Deshalb wurde im Oktober 1999 eine erste Sondagegrabung durchgeführt, der in den Jahren 2000 und 2001 eine vollständige Freilegung durch die Archäologische Denkmalpflege des Landesdenkmalamtes Baden-Württemberg folgte.

28 Ohrenberg. Gussreste und Halbfabrikate sind Zeugnisse der Bronzeverarbeitung in der Siedlung am Ohrenberg.

Es handelte sich um Hofanlagen auf 2,4 Hektar Fläche mit mindestens vier ineinander gelegenen rechteckigen Gräbchensystemen, die Areale von 0,6 bis

29 Bei Osterholz, Gemeinde Kirchheim am Ries, sind im heranreifenden Getreide die Palisadengräben der rechteckigen Hofanlagen als helle Streifen zu erkennen. Siehe dazu auch den Grabungsplan, Abb. 30.

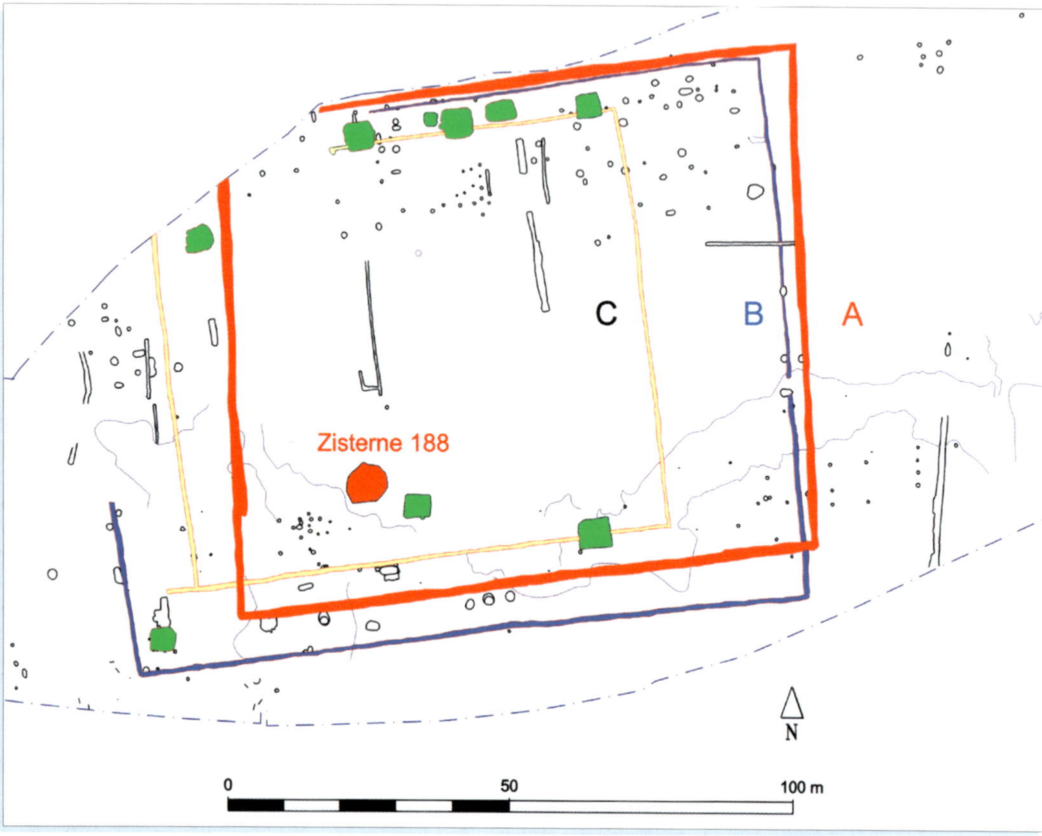

30 Ausschnitt aus dem Gesamtplan der Jahre 2000 und 2001 mit den Rechteckhöfen A-C von Osterholz, die hintereinander an derselben Stelle errichtet wurden. Hervorgehoben sind Grubenhütten und die Zisterne, Befund Nr. 188.

1,1 Hektar umfassten. Es kamen umfangreiche Reste der Innenbebauung aus Pfostenhäusern und Grubenhütten zutage (Abb. 30). Auf dem Scheitel des Geländerückens waren sie durch Erosion jedoch weitgehend zerstört.

Diese Zone ist auf dem Übersichtsplan durch das Fehlen von Baustrukturen wie etwa Pfostengruben zu erkennen; dort liegen keine Informationen zur Innenbebauung vor. Lediglich an den Nord- und Südflanken sind jeweils mehrere rechteckige Gruben von Grubenhütten erhalten, die wegen ihrer Überlagerungen mit Palisadengräbchen wichtige Informationen für die Abfolge der Bebauung ergeben.

In den Gräben haben sich schwarze Verfärbungen erhalten,

31 Osterholz. Profil durch den Graben der Anlage A. An dem getreppten Profil sind Bauphasen von zwei hintereinander errichteten Palisadengräben erkennbar. In dem jüngeren, tieferen Graben ist noch eine etwa metertiefe Standspur von Palisadenholz zu erkennen.

32 Gegossene, doppelte Paukenfibel der Späten Hallstattzeit von Osterholz.

33 Osterholz. Getriebene, doppelte Paukenfibel der Späten Hallstattzeit.

die Reste von Palisadenhölzern darstellen (Abb. 31). Aus diesen Befunden lässt sich schließen, dass es sich um mehrere Rechteckhöfe handelt, die mitsamt ihrer Umzäunung am gleichen Platz mehrmals nacheinander errichtet worden sind.

Unter den rechteckigen Gräbchensystemen ist der Befund des Grabens von Anlage A hervorzuheben. In zwei aufeinander folgenden Bauphasen wurden hier an genau derselben Stelle Gebäude errichtet. Dadurch ist ein getrepptes Profil zu erklären (Abb. 31), denn der jüngere Graben wurde tiefer als der ältere gelegt; er reichte bei einer Breite von 0,75 m bis 1,1 m in den Untergrund. An der Nordseite der Anlagen zeigte sich eine sehr gut erhaltene Palisadenstandspur (Abb. 31). Die bis um 1,0 m tiefe und nur etwa 0,10 m breite Standspur weist auf eine recht schlanke Palisade hin, nicht

34 Bronzemesser der spätbronzezeitlichen Urnenfelderkultur mit filigraner Verzierung. Das Messer kam wohl als Antiquität in die eisenzeitlichen Rechteckhöfe.

36 Feine Drehscheibenware der Späten Hallsattzeit aus den Rechteckhöfen von Osterholz.

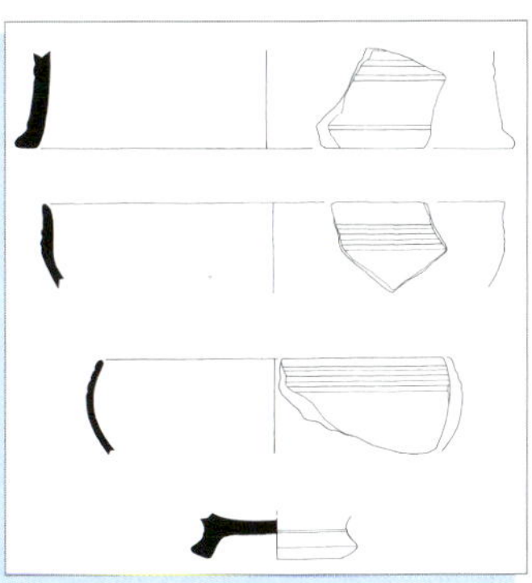

35 Osterholz. Scherben dickwandiger Großgefäße mit plastischen Leisten. Import oder Nachahmungen von sog. Dolien aus dem Südostalpenraum oder Oberitalien.

geklärt werden konnte, ob es sich um Rundhölzer oder bearbeitete Hölzer handelte. Die Gräbchen der beiden anderen Anlagen B und C sind um jeweils nur etwa 0,3 bis 0,4 bzw. 0,5 m breit und je nach Erhaltung und Lage im Gelände bis max. 0,25 m tief.

Die Gruben und Grubenhäuser, aber auch der Graben der Anlage A enthielten eine große Zahl von Funden aus Metall und Keramik. Besonders die Kleinbronzen zeigen die Zeit und Dauer der Besiedlung mit zahlreichen Fibeln an: Fußzierfibeln, getriebene und gegossene, einfache und doppelte Paukenfibeln (Abb. 32, 33), die den jüngeren und jüngsten Abschnitt der späten Hallstatt-Kultur (Ha D 2 und 3) charakterisieren. Bemerkenswert sind ferner ein kleines Fragment mit zwei Nieten, das von einem Bronzegefäß stammt, und mehrere blaue Glasperlen mit weißen Glasauflagen. Es finden sich aber auch Altstücke wie etwa ein verziertes Bronzemesser mit Griffdorn (Abb. 34) der späten Urnenfelderkultur.

Überraschend war die große Zahl qualitätvoller Drehscheibenware: Schüsseln, Schalen und Flaschen (Abb. 36). Es handelt sich dabei um eine Gattung, die auch aus den jüngsten späthallstattzeitlichen Schichten der Heuneburg bekannt ist. Dort ist sie stratigraphisch mit demselben Spektrum von Pauken- und Fußzierfibeln verknüpft, wie am Ipf bei Osterholz. Auf der Heuneburg wird sie den Perioden III bis Ia (Stufe Ha D spät) zugeordnet und tritt damit erst nach dem Brand und dem Ende der Lehmziegelmauer der Periode IVa (Stufe Ha D früh) in Erscheinung. Die Kenntnisse zur Herstellung dieser frühen, auf der schnell rotierenden Töpferscheibe hergestellten Feinware werden auf Kontakte zur mediterranen Welt zurückgeführt, und sie gilt als eine charakteristische Keramikgattung der späthallstattzeitlichen Fürstensitze.

Eine weitere bemerkenswerte Fundgruppe bilden Scherben dickwandiger Großgefäße mit plastischen Leisten (Abb. 35), wie sie auch auf dem frühkeltischen Fürstensitz des Münsterbergs bei Breisach am Oberrhein gefunden wurden; sie sind von Ludwig Pauli mit den 60–70 cm hohen Dolien aus Slowenien im Südostalpenraum in Verbindung gebracht worden. Entsprechende Großgefäße mit plastischen Leisten sind aber auch in Oberitalien gefunden worden, hier insbesondere am wichtigen Handelsplatz von Forcello. Vergleiche zwischen der slowenischen Keramik und den Beispielen aus Osterholz zeigen eine hohe Über-

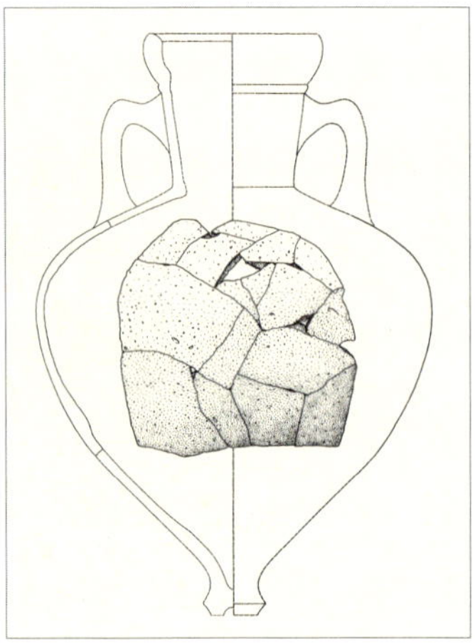

37 Osterholz. Großer Wandscherben einer griechischen Amphore, vermutlich aus Oberitalien.

38 Amphoren-Scherben griechischer Amphoren mit grober Glimmer-Magerung, wie sie für alle Fragmente aus Osterholz typisch ist.

einstimmung in Ton und Machart, es ist also anzunehmen, dass es sich um Importe oder Nachahmungen dieser Gefäße durch Töpfer aus dem Ostalpenraum handelt.

Besonders hervorzuheben sind knapp 1,4 Kilogramm Scherben mehrerer dickwandiger griechischer Amphoren, unter denen sich ein großes Wandstück einer kreiselförmigen Amphore zusammensetzen ließ (Abb. 37). Ihre auffallend grobe Glimmer-Magerung (micacé) (Abb. 38) schien zunächst auf eine Herkunft aus dem Umkreis der Griechenstadt Massalia in Südfrankreich zu deuten. Die Untersuchungen von Marino Maggetti in Fribourg ergaben allerdings, dass die Probe aus Osterholz den Funden aus der Westschweiz, beispielsweise von dem Fürstensitz Châtillon-sur-Glâne (Kanton Freiburg) weder mineralogisch noch chemisch entspricht; die für diese von Thierry Kilka eruierten Provenienzen, besonders Marseille und Umgebung, treffen also offenbar für unsere Amphoren nicht zu. Maggetti vermutet für die Osterholzer Amphoren stattdessen eine Produktion in Oberitalien. Träfe das zu, läge ein Transportweg über die Alpen nahe. Weitere Keramik-Analysen sollen helfen, diese Frage einer Klärung näher zu bringen.

39 Osterholz. Freilegung der großen Zisternengrube. In den Profilen der Baugrube sind rostbraune Eisenerzflöze zu erkennen.

Frühlatènezeitlicher Brandschutt und attisch rotfigurige Keramik

Als wahre Fundgrube sollte sich der Befund einer großen, annähernd runden Grube von etwa 6 m × 7 m Größe in der Südwestecke der Rechteckhöfe herausstellen (Abb. 39). Die Grube erwies sich als ein Schacht, der sich nur wenig verjüngte und durch verschiedene Lehmschichten und durch drei Eisenflöze des Braunen Jura bis auf über 6 Meter Tiefe hinabreichte (Abb. 40). Auf der Sohle maß der Schacht immer noch knapp 5 mal 5 m; dort fanden sich die Reste eines verkohlten Bretterrostes.

Die Frage nach der Funktion des Schachtes ist unklar, da keine unmittelbar Wasser führenden Schichten angetroffen wurden; allerdings zeigte doch das wenige noch im trockenen Spätsommer des Jahres 2001 von den Wänden einsickernde Hangwasser, dass es sich sehr wahrscheinlich um eine Zisterne handelte, die sowohl Oberflächenwasser als auch Hang-

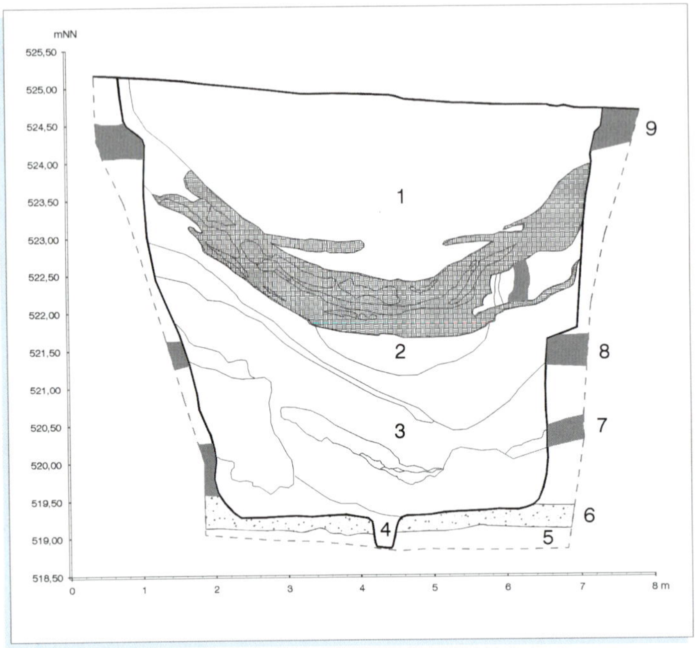

40 Osterholz. Profil durch die große Zisternen-Grube mit der Brandschuttschicht (Nr. 2) und mehreren Eisenflözen (Nr. 7, 8, 9).

41 Osterholz. Die große Zisterne bei der Freilegung und Dokumentation der Brandschicht.

wasser aufnehmen konnte. Die Lage des Schachtes innerhalb der Rechteckanlagen legt es nahe, dass es ein Wasserspeicher war, der von allen Hofanlagen genutzt wurde (Abb. 30).

Der Schacht verfüllte sich nach seiner Auflassung mit sterilen, umgelagerten Sedimenten des Braunen Jura und danach wurde im oberen Drittel Brandschutt eingefüllt, der noch bis zu einen Meter mächtig und muldenförmig eingesackt war (Abb. 41). Die Verteilung zusammenpassender Keramikscherben zeigt, dass der Brandschutt im umgebenden Gelände an der Oberfläche zusammengetragen worden sein muss. Durch die anschließende Abdeckung mit steriler Erde wurde der Brandschutt sozusagen versiegelt, er kann daher als „geschlossener Fund“ gewertet werden. Der Brandschutt enthielt neben sehr vielen Tierknochen auch verbrannte Rotlehmstücke mit Holzabdrücken und weiß getünchten Oberflächen, die von Hausbauten stammen. Die Frage, wo die verbrannten Häuser standen, kann vor dem Hintergrund der starken Erosion auf dem Geländerücken nicht mehr festgestellt werden, da jüngere Siedlungsstrukturen vollständig zerstört sind. Die Brandschicht enthielt nur Funde der Frühlatènezeit, deshalb muss es nach der regen Bautätigkeit in der Späthallstattzeit mit der Errichtung der Palisadenzäune auch noch eine frühlatènezeitliche Siedlungstätigkeit gegeben haben.

Mit dem Schutt verbrannter Häuser gelangten sehr viele Funde in die Verfüllung des Schachtes. Darunter findet sich eine kleine,

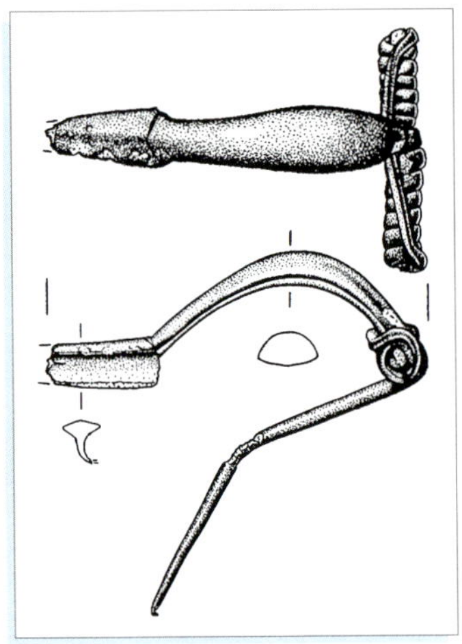

42 Kleine Certosa-Fibel mit abgebrochenem Fußknopf und Spiralkonstruktion mit innen liegender Sehne. L. noch 5,8 cm. Aus dem Brandschutt der Zisterne von Osterholz.

typologisch frühe Certosafibel (Abb. 42), zahlreiche Fragmente frühlatènezeitlicher Drehscheibenware von Schüsseln und Flaschen, viele Scherben großer Gefäße und Flaschen mit Stempel- und Zirkelornamentik, vor allem

43 *Attisch rotfigurige Keramik, Scherben von zwei Trinkschalen (Kylikes), die zwischen 470 und 450 v. Chr. in Athen hergestellt wurden. Die Scherben stammen aus der Brandschuttverfüllung der Zisterne von Osterholz.*

45 *Osterholz. Randscherben einer rotfigurigen Schale; vom Außenbild ist das Gesicht eines Jünglings und eine aufgehängte Schreibtafel (Diptychon) erhalten.*

44 *Osterholz. Detail des Mäanderbandes von der Innenseite einer Trinkschale mit Innenbild.*

aber 25 Scherben attisch rotfiguriger Keramik. Es sind Rand-, Wandungs- und Fußfragmente sowie der Teil eines Henkels, die nach Elke Böhr ausschließlich von Trinkschalen (Kylikes) stammen (Abb. 43). Darunter findet sich auch ein Randfragment, das im Außenbild das Gesicht eines Jünglings und eine aufgehängte Schreibtafel (Diptychon) zeigt (Abb. 45). Von einer zweiten Schale sind mehrere Fragmente erhalten mit Resten des Innenbildes und Teilen der Mäander-Rahmung (Abb. 44, 46). Nach Art des Scherbens und Firnis lassen sich die Fragmente insgesamt zwei Trinkschalen zuordnen, die zwischen 470 und 450 v. Chr. in Athen hergestellt wurden.

46 Osterholz. Scherben von der Innenseite einer Trinkschale mit Innenbild und Einfassung mit Mäanderband.

Das Fundensemble aus der Brandschicht, das in die Stufe Latène A (5. Jh. v. Chr.) datiert, überrascht in verschiedener Hinsicht: Einmal, weil dadurch eine jüngere Besiedlungsphase am Platze dokumentiert ist, für die bislang noch keine Befunde festgestellt werden können. Zum anderen ist mit der attisch rotfigurigen Keramik eine wichtige Gruppe Südimporte fassbar, die neben den mediterranen Amphoren aus späthallstattzeitlichen Grubenhäusern eine zweite Gruppe mediterraner Importe darstellt. Damit ist der Wein-Import und dessen Genuss aus Trinkschalen entsprechend den mediterranen Vorbildern belegt.

Aus der Brandschicht stammt auch eine kleine Bronzemünze, die stark korrodiert ist; die Vorderseite zeigt einen nach rechts gerichteten Kopf (Abb. 47, Dm. 1,6–1,7 cm). Da sie im Brandschutt einer frühlatènezeitlichen Siedlung lag, muss es sich um eine griechische Münze handeln. In diesem Zusammenhang ist an die bronzene Feinwaage aus der Siedlung bei Hochdorf zu erinnern, die den Bedarf von genauer Gewichts- und damit Wertbestimmung, zugleich wohl auch die Kenntnis des Münzwesens bezeugt.

Erinnert sei auch nochmals an die eingangs erwähnten Lesefunde vom Ipf, an die kleine schwarz gefirnisste Wandscherbe einer attischen Kylix und an die kleine Scherbe eines Sandkernglases, das mit den späthallstattzeitlichen Glasfunden des Südostalpenraumes etwa aus dem Gräberfeld von Santa Lucia in Slowenien in Verbindung gebracht wird und damit zusammen mit den großen Scherben slowenischer Dolien die Bezüge in den Südostalpenraum und in das östliche Oberitalien unterstreicht. Somit liegen vom Ipf und von den Hofstellen bei Osterholz Importfunde verschiedener Herkunft vor, die für die Zeit vom Ende des 6. bis weit ins 5. Jahrhundert v. Chr. hinein – archäologisch Hallstatt D 3 und Latène A – weit reichende Beziehungen und Kontakte bezeugen, wie sie frühkeltische Fürstensitze charakterisieren und somit deutliche Hinweise darauf geben, wie wir die Burg auf dem Ipf einzuschätzen haben.

47 Kleine korrodierte, sehr wahrscheinlich griechische Münze (Dm. 1,6–1,7 cm) mit einem nach rechts gerichteten Kopf aus dem Brandschutt von Osterholz, Befund 188.

Neue archäologische Ausgrabungen bei Osterholz auf dem Ipf

Ein zweiter Rechteckhof im Bugfeld bei Osterholz

Westlich von Osterholz liegt im Gewann Bugfeld etwa 450 m entfernt vom Rechteckhofplatz in den Zaunäckern, ein weiterer frühkeltischer Rechteckhof. Dieser wurde zwischen 2004 und Frühjahr 2006 im Rahmen des von der Deutschen Forschungsgemeinschaft geförderten Forschungsvorhabens zu frühkeltischen Fürstensitzen ausgegraben. Beide Rechteckhöfe werden im Rahmen einer Dissertation von Katharina Fuhrmann M.A. wissenschaftlich bearbeitet.

Die über ein Hektar große Anlage war ebenfalls von einem Palisadenzaun umgeben. Die Innenbebauung ist komplex: Hier finden sich rechteckige Einhegungen durch Pfostenreihen und Gräbchen sowie Hausgrundrisse (Abb. 48). Die ehemalige Bebauung lässt sich an unterschiedlichen Erdverfärbungen der ehemaligen Gräben, Gruben und Pfostengruben im Grundrissplan rekonstruieren. Ungewöhnlich sind großflächige Steinlagen oder Steinpflasterungen (Abb. 49), die zusammen mit großen Pfostengruben einen größeren repräsentativen Baukörper erkennen lassen. Das 15 mal 15 m

48 Kirchheim-Osterholz, „Bugfeld“. Gesamtplan der Ausgrabungen des späthallstattzeitlichen Rechteckhofes mit den wichtigsten Strukturen und ihren Interpretationen.

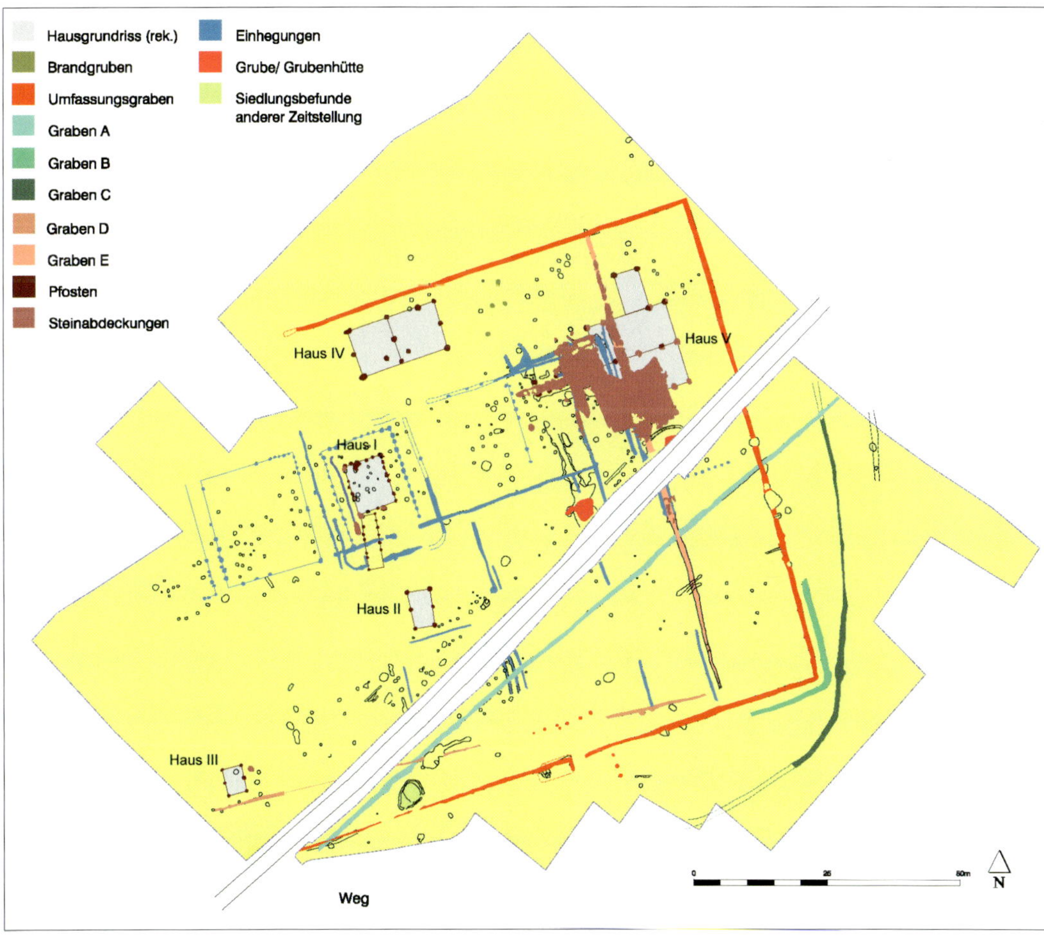

große Holzgebäude wurde nach dessen Aufgabe abgetragen und der Hausplatz durch Steine abgedeckt.

Hinter diesem eigenartigen Befund können sich unterschiedliche Beweggründe verbergen; derzeit scheint eine Interpretation dahingehend möglich, dass hier ein zu kultischen Zwecken genutztes Areal versiegelt wurde, um den heiligen Platz zu schützen. Letztendlich wird sich die Frage nach der Interpretation der Rechteckanlage stellen, die durchaus in einer kultisch-religiösen Nutzung am Fuße des Fürstensitzes auf dem Ipf gelegen haben könnte.

Die unerwarteten Funde aus den Rechteckhöfen bei Osterholz – die sowohl in die späte Hallstattzeit (ab Stufe Ha D 1) als auch in die frühe Latènezeit (bis in die Stufe LT A) datieren – geben wichtige Hinweise auf den sozialen Rang ihrer Bewohner. Sie können unmittelbar mit der Burg auf dem Ipf in Verbindung gebracht werden. Zusammen mit den Großgrabhügeln sind sie als Spiegelbild des sozialen Ranges dieser Gruppe zu werten. Vom Ipf und von den Hofstellen bei Osterholz liegen fremde Funde vor, die für die Zeit vom Ende des 6. bis weit ins 5. Jahrhundert v. Chr. hinein weit reichende Beziehungen, vor allem nach Oberitalien in den griechisch-etruskischen Kulturraum, bezeugen.

Der Ipf: Neue Ausgrabungen auf der Oberburg

Über die Archäologie und Geschichte des Berges wussten wir bislang nur durch Aufsammlungen von Scherben und durch die Ausgrabungen des Heidenheimer Gymnasialprofessors Friedrich Hertlein in den Jahren 1907 und 1908 Bescheid. Den Beschreibungen Hertleins zufolge befinden sich in den Wällen die Reste von bis zu 5 m breiten Steinmauern mit Holzeinbauten in verschiedenen Techniken. Im äußeren Wall fand Hertlein die Reste einer Pfostenschlitzmauer, die eine spezifisch keltische Konstruktion mit senkrechten Pfosten in der Mauerfront aus trocken aufgesetzten Steinen darstellt.

Nach den Ausgrabungen Hertleins blieb die archäologische

49 Kirchheim, Osterholz, Gewann Bugfeld. Die Ausgrabungen im Bereich des zweiten Rechteckhofes mit dem Ipf im Hintergrund. Im Vordergrund befindet sich die großflächige Steinstickung.

50 Ipf bei Bopfingen. Dreidimensionales Geländemodell auf der Basis von Lidar-Scann-Daten. Deutlich sind die Wallanlagen und die Ackerterrassen auf der Südostseite zu erkennen. Mit 1 bis 5 sind die Grabungsschnitte eingetragen. Bearbeitung Fa. ArcTron.

Substanz dieses herausragenden archäologischen Kulturdenkmals über knapp 100 Jahre unberührt. Neue Ausgrabungen wurden seit Mai 2004 nun im Rahmen des Schwerpunktprogramms der Deutschen Forschungsgemeinschaft möglich (Abb. 50). Die Grundlage für die neuen Ausgrabungen bildeten großflächige geophysikalische Prospektionen des Gipfelplateaus und der Unterburg (Abb. 55), die wichtige Anhaltspunkte zu Besiedlungsstrukturen ergaben.

Ausgangspunkte für die neuen Untersuchungen sind die ausführlichen Schilderungen Hertleins sowie geophysikalische Prospektion des Gipfelplateaus und der Unterburg. Auf dem 2,35 Hektar großen Plateau zeigt das Magnetogramm (Abb. 86) zahlreiche lineare und rechteckige Strukturen (Anomalien) von Gräbchen, die von Süden vom antiken und modernen Zugang auf das Plateau in das Zentrum der Fläche verlaufen. Es galt das Alter dieser Strukturen und die Frage zu klären, ob sie in einen zeitlichen Zusammenhang mit der Nutzung des Berges in der Zeit des frühkeltischen Fürstensitzes im 6./5. Jahrhundert v. Chr. gebracht werden können.

Auf dem Gipfelplateau des Ipf wurden im Jahr 2004 zwei Grabungsschnitte geöffnet, die Aufschlüsse zur Bebauung und zur Mächtigkeit und Stratigraphie der Kulturschichten ergeben sollten. Sondage 1 (ca. 10 x 10 m) wurde so im Zentrum des Plateaus angelegt, dass mehrere lineare Anomalien des Magnetogramms darin gelegen waren. Unter einer dünnen Humusdecke zeigte sich die verwitterte und zerklüftete Oberfläche des Weißen Jura. Darin waren bis zu 0,8 m tiefe Gräben und Gruben ausgehauen (Abb. 51). Außerdem wurden mehrere kleinere Pfostengruben aufgedeckt, die mit den Gräben rechtwinkelig zueinander verlaufende Strukturen ergaben. Zweifellos handelt es sich dabei um Gruben, in die Hölzer ehemaliger Bauten und Zäune oder Palisaden eingesetzt waren.

Ein zweiter Grabungsschnitt (Sondage 2, 6 x 3 m) wurde dagegen an der Ostseite innerhalb der Randbefestigung angelegt und sollte Fragen der Kulturschichten und der Stratigraphie klären (Abb. 51). Friedrich Hertlein hatte hier an der Ostseite des Gipfelplateaus bis zu 1,5 m mächtige Kulturschichten mit sehr vielen Funden beschrieben. Die Grabungen ergaben eine abwechslungsreiche Folge an Kulturschichten, die bis zum Fels in eine Tiefe von 2,5 m hinabreichten (Abb. 52). Aus dem Grabungsschnitt kam eine enorme Menge an Fundmaterialien – Kleinfunde, Keramik und Tierknochen – zutage, die eine intensive Siedeltätigkeit seit der jüngeren Urnenfelderkultur und in der Hallstattzeit bekunden.

51 Ipf bei Bopfingen, Gipfelplateau. Sondage 1 mit Gräben und Pfostengruben, die aus dem Fels ausgehauen wurden.

Über dem Fels befindet sich eine bis zu 0,7 m mächtige, schwarze Kulturschicht der jüngeren Urnenfelderkultur (Stufe Ha B) mit großen Mengen an Tierknochen und Keramik. Darüber folgen mehrere bis um 1,0 m mächtige

53 Ipf bei Bopfingen, Gipfelplateau. Sondage 2. Zwei tongrundige, schwarzfigurige Scherben einer attischen Halsamphora aus der 2. Hälfte des 6. Jahrhunderts. Nach Elke Böhr.

Kulturschichten, die in die Hallstattzeit datieren. Die Auswertung der Funde wird erweisen, inwieweit hier eine Kontinuität aus der späten Urnenfelderkultur in die ältere bis hin zur späten Hallstattzeit rekonstruiert werden kann. Die darüber gelegenen Kulturschichten sind stark aufgearbeitet und enthielten vermischte Fundinventare bis hin zu Scherben des mittleren Neolithikums und der Römerzeit.

Überraschend waren Fundamentierungen von bis zu einem Meter breiten Trockenmauern, die parallel zur Randbefestigung verlaufen. Sie waren eingebunden in Kulturschichten der späten Hallstattzeit, in denen mehrere griechische Scherben zutage kamen. Der kleine Grabungsausschnitt ließ keine Angaben zur Konstruktion oder zur Größe eines Grundrisses zu. Dennoch wird deutlich, dass es sich um Steinfundamente und damit eine Bauweise handelt, die ungewöhnlich und bemerkenswert für die Hallstattzeit ist.

Von beiden Sondagen auf dem Gipfelplateau liegt ein Fibelspektrum vor, das die gesamte späte Hallstattzeit der Stufen Ha D1 bis D3, also das 6. Jahrhundert v. Chr., abdeckt. Bemerkenswert sind acht neue Scherben griechischer Keramik, sodass sich der Bestand auf 10 Scherben erhöht. Darunter befinden sich zwei Wandscherben einer schwarzfigurigen Halsamphora (Abb. 53), die nach Elke Böhr in die zweite Hälfte des 6. Jahrhunderts v. Chr. datiert.

52 Ipf bei Bopfingen, Gipfelplateau. Sondage 2. Die Kulturschichten der Eisen- und späten Bronzezeit reichten bis in eine Tiefe von 2,5 m zum anstehenden Fels hinab.

54 Ipf bei Bopfingen. Luftaufnahme der Unterburg und des Gipfelplateaus von Osten. Gut zu erkennen ist die Lindenallee, die mehr oder weniger auch den alten Aufgang auf das Gipfelplateau markiert. Südlich (links) der Allee liegt Grabungsschnitt 4, im Vordergrund liegt Wallschnitt 5 in der äußeren Befestigung.

Prospektionen und Ausgrabungen auf der Unterburg (Abb. 54)

Im Winter 2004/2005 wurde auf der Unterburg eine Fläche von etwa 5 Hektar geomagnetisch prospektiert (Abb. 55). Ziel dieser Untersuchungen sollte es sein, Aufschlüsse über die Bebauung in den flacheren Arealen im Süden und im Osten der Unterburg zu erhalten. Es galt auch die wichtige Frage zu klären, inwieweit die so genannten Ackerterrassen, die vor allem an der Südseite deutlich ausgeprägt sind, bereits in prähistorischer Zeit im Sinne

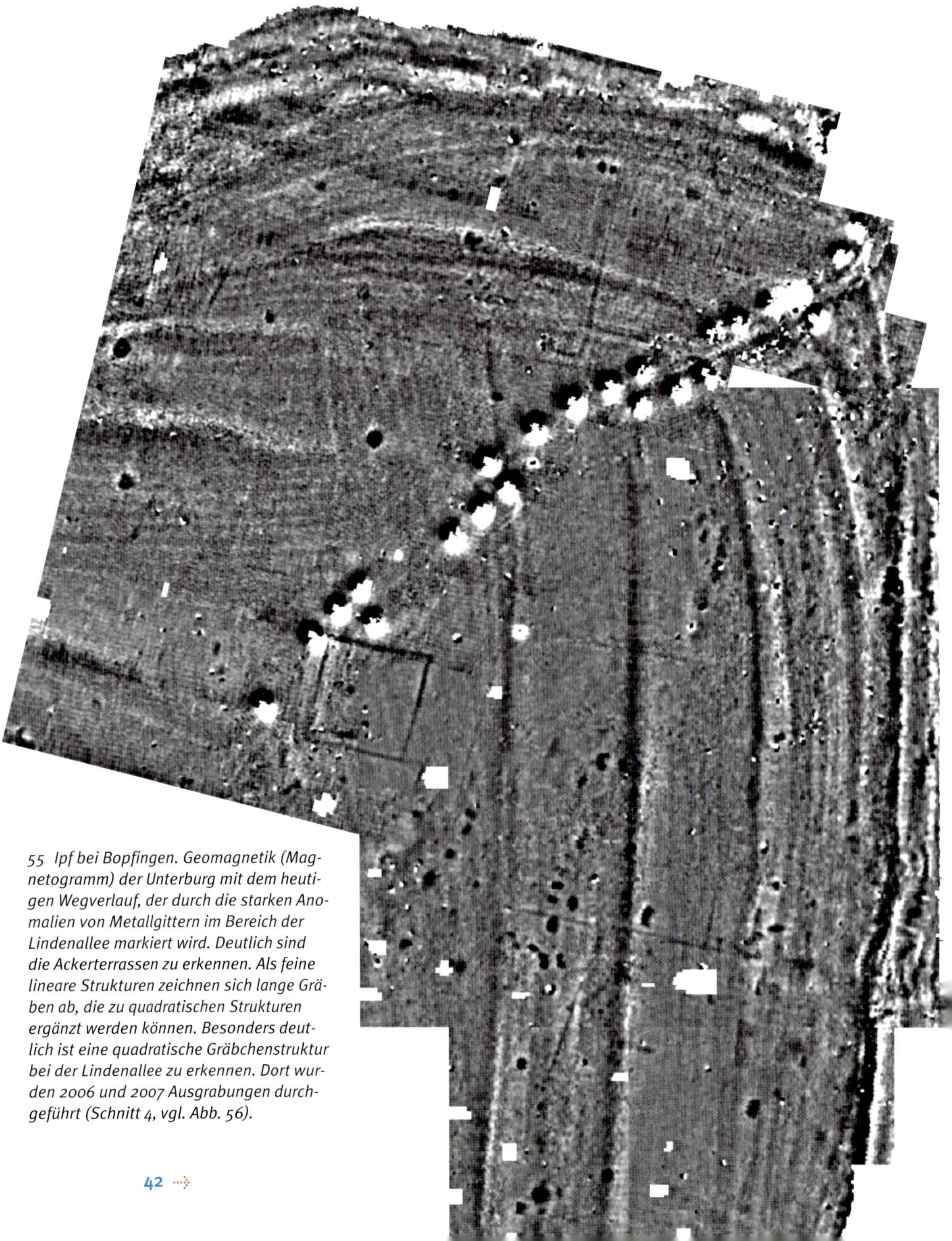

55 Ipf bei Bopfingen. Geomagnetik (Magnetogramm) der Unterburg mit dem heutigen Wegverlauf, der durch die starken Anomalien von Metallgittern im Bereich der Lindenallee markiert wird. Deutlich sind die Ackerterrassen zu erkennen. Als feine lineare Strukturen zeichnen sich lange Gräben ab, die zu quadratischen Strukturen ergänzt werden können. Besonders deutlich ist eine quadratische Gräbchenstruktur bei der Lindenallee zu erkennen. Dort wurden 2006 und 2007 Ausgrabungen durchgeführt (Schnitt 4, vgl. Abb. 56).

56 Ipf bei Bopfingen. Schnitt 4, der Graben der quadratischen Struktur hebt sich deutlich gegen den hellen Weißjura ab. In der Verfüllung des ehemaligen Palisadengrabens sind an verschiedenen Stellen Steinplatten erkennbar. Ausgrabung 2006.

von Podien angelegt oder in der Tat erst im Zusammenhang mit dem historischen Ackerbau entstanden sind. Überraschenderweise sind im Magnetogramm große rechteckige Gräbchenstrukturen zu erkennen, die nicht auf die Terrassen ausgerichtet sind. Es handelt sich um bis zu etwa 60 mal 60 m große Quadrate, die an entsprechende Vierkant- oder Rechteckhöfe erinnern.

In den Jahren 2006 und 2007 wurde die kleine quadratische Gräbchenstruktur an der Lindenallee am Anfang einer Oberburg teilweise ausgegraben (Abb. 50, Schnitt 4). Deutlich war ein verfüllter Palisadengraben (Abb. 56) zu erkennen, der aus dem Fels ausgehauen war (Abb. 57). Noch liegen keine genauen Erkenntnisse zur Funktion dieser kleinen Palisadenanlage vor. Jedoch lassen ihre zentrale Lage und ihre Einbindung in das System rechtwinklig angeordneter Einfriedung eine besondere Funktion vermuten.

Es kann mittlerweile ausgeschlossen werden, dass die Terrassen in prähistorische Zeit datieren, vielmehr handelt es sich um Terrassierungen für den historischen Ackerbau, über dessen genaues Alter noch keine Anhaltspunkte vorliegen (Abb. 54, 55).

Diese Strukturen überraschen, denn es zeichnet sich eine Bebauung durch Rechteckhöfe ab, die offenbar dicht an dicht auf der Unterburg des Ipf errichtet wurden. Diese Befunde liefern wichtige neue Aspekte für die Fragen zur Genese und zum Aussehen von Fürstensitzen, wobei der Ipf hier neue Aspekte zu erkennen gibt.

Ein Wallschnitt in der äußeren Befestigung – Schnitt 5

Im Osten fällt der mächtige kegelstumpfförmige Zeugenberg des Weißen Jura flach nach Osten hin ab. Hier umfasst der äußere Wall die Unterburg in einem weiten Bogen. In diesem Bereich hat Friedrich Hertlein in den Jahren 1907/08 einen Schnitt in den Wall angelegt und die Vorderfront einer Pfostenschlitzmauer freigelegt,

57 Ipf bei Bopfingen. Schnitt 4. Profil durch den Graben der Palisadenanlage.

die auf „älteren Resten" aufgebaut gewesen sein soll. Der alte Schnitt wurde 2006 wieder geöffnet (Abb. 58) und weiter in den Innenraum

58 *Ipf bei Bopfingen. Schnitt 5, Wallschnitt durch die äußere Befestigung im Sommer 2006, vom Innenraum aus betrachtet. Die Delle in der Wallkrone markiert den alten Grabungsschnitt von Friedrich Hertlein aus dem Jahre 1907/1908. Im Vordergrund liegt parallel zum Wall in der Senke eine Steinkonzentration. Im Wall selbst deuten sich durch Steinschüttungen Mauerkonstruktionen an.*

gegraben, mit dem Ziel, Alter und Konstruktion der äußeren Befestigung zu klären. Im Vordergrund steht die Frage, ob die äußere Befestigung bereits in der späten Bronzezeit oder erst in der älteren Eisenzeit errichtet wurde. Außerdem sollen Anhaltspunkte zum Alter der Pfostenschlitzmauer gewonnen werden, da sie immer wieder mit einer Befestigung des Ipf in der jüngeren Latènezeit in Verbindung gebracht wurde.

Am Fuß der Wallböschung kam in der Senke eine parallel zum Wall verlaufende Steinanhäufung zutage, die auffällig viele brandgerötete und durchgeglühte Steine enthielt. Deutlich erkennbar wurden bis zum erreichten Grabungsstand zwei „Schüttungen" aus teilweise größeren Kalksteinen innerhalb des Walles, die wahrscheinlich die Reste von zwei Mauerphasen darstellen (Abb. 59). Die Befundsituation wird sich aber erst durch die Fortsetzung der Ausgrabung im Jahr 2007 zuverlässiger klären lassen. Allerdings wird jetzt schon deutlich, dass der Wall mehrschalig aufgebaut war, die unterschiedlichen Bauphasen angehören dürften.

Bemerkenswert ist der Fund einer nur 2,7 cm großen Vogelkopffibel der Frühlatènezeit (Abb. 60). Sie stellt einen guten Beleg für eine Besiedlung des Ipf in der Stufe Latène A im 5. Jahrhundert dar; sie wurde in Schnitt 5 an der Innenseite der äußeren Befestigung in den Kulturschichten gefunden.

Erste Schlussfolgerungen

Die Bedeutung der Befestigungen auf dem Ipf und seines Siedlungsumfeldes während der älteren Eisenzeit nimmt durch die jüngsten Forschungstätigkeiten präzisere Konturen an. Am Fuße des Berges kann um den heutigen Weiler Osterholz ein Außenbereich mit Rechteckanlagen und Grabhügeln beschrieben werden. Dieser ist kaum im Sinne einer Außensiedlung wie bei der Heuneburg zu werten, sondern vielmehr als ein Areal, das offenbar ausschließlich der sozialen Elite als

Raum für Rechteckhöfe und für die Anlage von Großgrabhügeln diente. Südimporte und Großgrabhügel: Beides sind Belege für geänderte herrschaftliche und wirtschaftliche Grundlagen. Außergewöhnliche südliche Güter stellen wesentliche Elemente für die Definition jener Gruppe der topographisch wie sozial exponierten Burgen dar, die wir frühkeltische „Fürstensitze“ nennen.

Die Ergebnisse der Ausgrabungen des zweiten Rechteckhofes im Gewann Bugfeld mit ungewöhnlichen Befunden, die vorsichtig im Sinne einer kultischen Anlage betrachtet werden können, lassen für den Ipf die Frage nach einem kultisch-religiösen Konzept der frühkeltischen Fürstensitze aufkommen.

Vielleicht befand sich am Fuße des Ipf im Rechteckhof im Bugfeld bei Osterholz auch ein Heiligtum oder eine Kultanlage. Die Burg auf dem Ipf hingegen diente sicherlich viel mehr als Ort der Repräsentation und der Darstellung von Prestige und Rang – und nicht zuletzt als weithin sichtbare mächtige Fortifikation!

60 Ipf bei Bopfingen. Schnitt 5. Kleine Entenkopffibel (L. 2,3 cm) nach Frühlatèneschema der Stufe Latène A. Die Fibel wurde in den Kulturschichten hinter dem Wall im Innenraum gefunden.

59 Ipf bei Bopfingen. Schnitt 5, Wallschnitt durch die äußere Befestigung. Arbeitsaufnahme der Ausgrabungen im Sommer 2006. Im Profil sind zwei voneinander getrennte Steinschüttungen erkennbar, die von zwei Mauerphasen stammen dürften.

Monumentale Großgrabhügel am Fuße des Ipf

In der Diskussion über einen Fürstensitz auf dem Ipf wurde ein wichtiges Kriterium noch nicht angesprochen: zugehörige Großgrabhügel mit Prunkgräbern. Sie fehlten bisher völlig. Allerdings gibt es schon seit über zehn Jahren einen Anhaltspunkt aus dem 8–9 Kilometer entfernten Ehringen im Ries (Abb. 20). Dort wurde 1990 eine bis jetzt in der Forschung kaum beachtete, qualitätvolle italische Bronzeplastik auf einem Feld gefunden. Es handelt sich um eine 12,2 cm große Figur eines Jünglings (Abb. 62), die auf dem Rand eines Gefäßes befestigt war, nach Martin Guggisberg wahrscheinlich auf einem campanischen Dinos. Die Figur zeigt auf dem Unterleib und am Hals auffällige Punktverzierungen. Bronzefiguren dieser Art wurden in Mittelitalien im 5. und 4. Jh. v. Chr. in großer Zahl hergestellt. Die Figur aus Ehringen könnte in Werkstätten Campaniens in der Zeit um oder nach 500 v. Chr. gefertigt worden sein. Zunächst wurde vermutet, dass es sich um Mitbringsel eines neuzeitlichen Italien-Reisenden handelt. Jetzt aber wird deutlich, dass die Figur zeitlich und kulturell durchaus zum Umfeld eines Fürstensitzes auf dem Ipf passen würde. Sie könnte aus einem reichen, zerstörten Grab stammen.

Die Vermutung, dass es auch am Ipf entsprechende Gräber und Grabhügel gegeben hat, erlangte im Spätsommer des Jahres 2001

62 Ehringen, Stadt Nördlingen. Italische Bronzefigur (H. 12,2 cm) aus der Zeit um oder nach 500 v. Chr. Die Figur diente wahrscheinlich als Kesselaufsatz (Dinos) und wurde wohl in einer Bronzewerkstatt in Campanien hergestellt.

61 Geomagnetische Messungen auf der Unterburg des Ipf durch die Firma Terrana Geophysik am 22. Dezember 2004. Die zerstörungsfreien Einblicke in den Untergrund haben überraschende Erkenntnisse zu den Bebauungsstrukturen ergeben.

63 Die beiden Großgrabhügel am Nordrand des Weilers Osterholz. Der ca. 64 m Durchmesser große Kreisgraben von Grabhügel 1 zeichnete sich im Sommer 2003 sehr gut als positives Bewuchsmerkmal ab. Rechts davon ist vom kleineren Hügel 2 im Zuge der Ausgrabung der Steinkreis zu erkennen. Luftbild vom 18. 9. 2003.

überraschende Aktualität: Am 28. August 2001 entdeckte Otto Braasch auf einem routinemäßigen Prospektionsflug am Rande des Weilers Osterholz einen großen Kreisgraben, der nur wenige hundert Meter von den hallstattzeitlichen Rechteckhöfen entfernt liegt (Abb. 72). Die große Trockenheit im Spätsommer hatte dazu geführt, dass sich durch die abgeflossene Hügelschüttung hindurch ein Kreisgraben in der nahezu verdorrten Luzerne deutlich abzeichnete (Abb. 63). Die Ortsbegehung sorgte für eine Überraschung, denn es zeigte sich ein rund zwei Meter hoher, stark verflachter Großgrabhügel mit einem Kreisgraben von 64 m Durchmesser! Daneben konnte mindestens ein weiterer, kleinerer Grabhügel ausgemacht werden, dessen Durchmesser etwa 20 m beträgt. Überraschende Einblicke in das Innere und in die Struktur der Grabhügel ergaben geophysikalische Prospektionen (Abb. 61), die im Umfeld der Hügel auf einer Fläche von etwa vier Hektar durchgeführt wurden.

Der große Hügel weist radiale Strukturen auf (Abb. 64, H 1), die im Zentrum auf eine mehrere Meter große Grabkammer hinführen. Diese Innengliederung lässt einen komplexen Aufbau des Hügels mit Einbauten vermuten, wie sie am besten von skytischen Kurganen, aber auch von frühkeltischen Großgrabhügeln in Mitteleuropa bekannt sind. Der etwa 90 Meter nördlich des großen Hügels gelegene kleinere Hügel zeigt als geomagnetische Anomalien zwei konzentrische Ringe bzw. Gräbchen, deren äußerer einen Durchmesser von über 20 Metern besitzt (Abb. 64, H 2). Im Zentrum beider Hügel deuten die Strukturen auf unterschiedlich große Grabkammern hin.

Auffallend ist die topographische Lage der beiden Großgrabhügel auf dem Geländerücken zwischen Ipf und Goldberg. Der große Hügel 1 liegt ziemlich genau auf dem Scheitel des Rückens mit einem weiten Rundumblick; der kleine Hügel liegt dagegen etwa 90 m nördlich (Abb. 63, 65) auf dem nach Norden abfallenden Hang zum Goldbach. Von hier hat man über das Tal des Goldbachs einen guten Blick ins Ries.

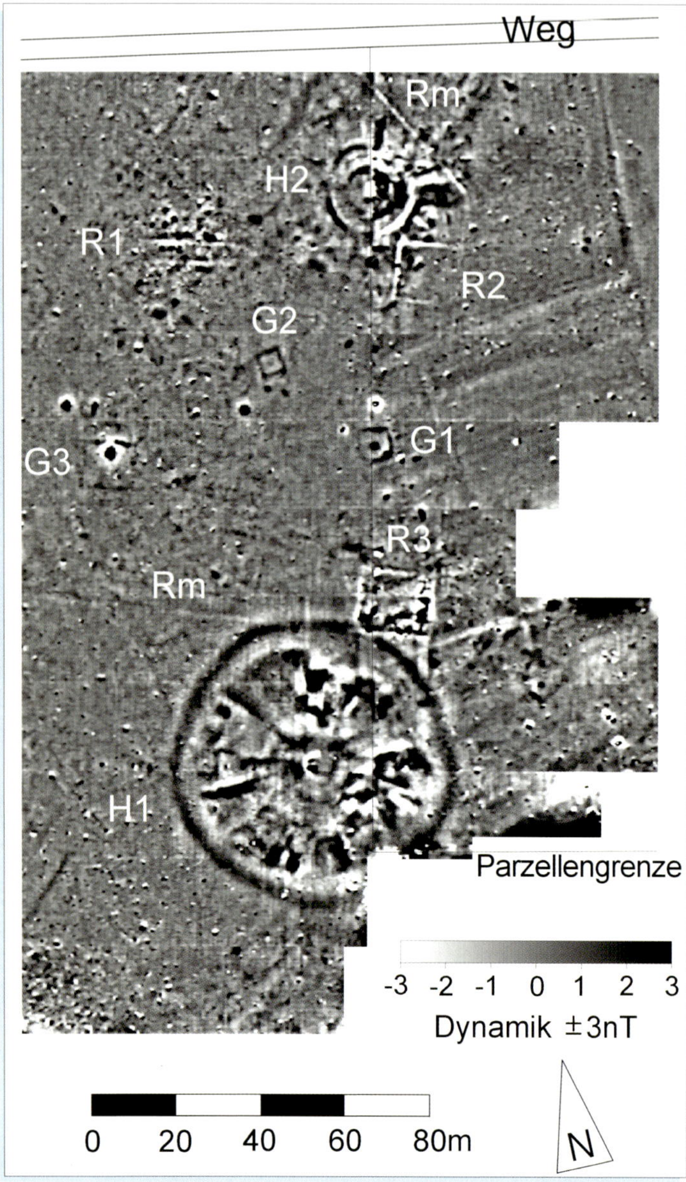

64 Geophysikalische Prospektion der beiden Großgrabhügel von Osterholz. Das Magnetogramm zeigt deutliche Anomalien einer radialen Struktur in dem großen Hügel. Bei dem kleinen Hügel sind zwei konzentrische Ringe und eine rechteckige Grabkammer zu erkennen.

Die bis jetzt vorliegenden Ergebnisse der geophysikalischen und der Luftprospektionen sowie der Geländebegehungen zeigen, dass beide Hügel isoliert liegen und sich keine weiteren Grabhügel anschließen.

Generationen von Besuchern müssen in den vergangenen 100 Jahren seit Friedrich Hertlein und Gerhard Bersu an diesem markanten Punkt auf dem Höhenrücken zwischen Ipf und Goldberg vorbeigegangen sein, ohne dass die mächtigen Geländewellen als Grabhügel erkannt wurden. Umso spannender ist es, heute zu erleben, wie solche Entdeckungen die Rätsel um die Vergangenheit eines archäologisch faszinierenden und landschaftlich eindrucksvollen Berges wie dem Ipf lösen helfen!

Hügel 2 – ein Grabhügel der älteren Hallstattzeit

Im Jahre 2003 wurde mit Hügel 2 der kleinere der beiden Grabhügel ausgegraben (Abb. 66–71). Der Hügel selbst war vollständig abgetragen, und es fanden sich noch Reste eines Steinkreises (Abb. 66) der ursprünglichen Hügelbegrenzung mit 17 m Durchmesser. Er war aus größeren Weißjurakalkbrocken (Abb. 67) errichtet worden, von denen viele schon fehlten. Das Grabmonument war durch einen bis zu 1,5 m breiten, rund 1,0 m tiefen und 22 m großen

65 Die beiden Großgrabhügel im Gewann „Krummes Gewand" bei Osterholz.

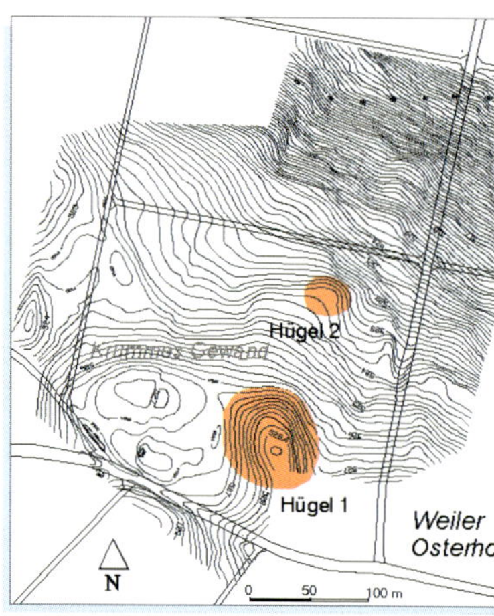

66 Grabhügel 2 von Osterholz im Zuge der Ausgrabungen und Bergung der zentralen Grabkammer im Sommer 2003. Die Weißjurakalksteine markieren den Fuß des ehemaligen Grabhügels mit 17 m Durchmesser. Im Hintergrund erhebt sich im Westen der Ipf mit seinen auffälligen Befestigungsanlagen.

67 Grabhügel 2 von Osterholz. Detail der Hügelbegrenzung aus weißem Jurakalk in Form eines Steinkreises.

Kreisgraben begrenzt. Im Zentrum des Steinkreises zeichnete sich deutlich die dunkle rechteckige Verfärbung einer etwa 0,2 – 0,3 m in den rotbraunen Lehm eingetieften, 3,4 × 2,7 m großen Grabgrube ab (Abb. 68). Trotz sorgfältiger Untersuchung konnten keine Reste einer ehemaligen hölzernen Grabkammer festgestellt werden, ein Umstand, der aber wohl eher auf die problematischen Bodenverhältnisse zurückzuführen ist. In der ehemaligen Grabkammer fand sich eine intakte zentrale Brandbestattung mit einem umfangreichen Keramikservice der älteren Hallstattzeit, archäologisch der Stufe Ha C.

Der aus mindestens 18 Keramikgefäßen bestehende Geschirrsatz war entlang der östlichen Kammerwand aufgestellt (Abb. 68); er bestand aus drei großen Kegelhalsgefäßen mit jeweils einer in den Gefäßen liegenden Tasse, dazu kommen mehrere Schalen und Schüsseln. Beigaben oder Trachtbestandteile aus Metall fanden sich nicht, dagegen einige unverbrannte Tierknochen von Fleischbeigaben. Der westliche Teil der Grabanlage, gut 2/3 der Fläche, war abgesehen vom Leichenbrand fundleer. Der aus

*68 Osterholz, Grabhügel 2.
Die Befunde der zentralen Bestattung in einer 3,4 × 2,7 m großen Grabgrube, in der ursprünglich sicherlich eine hölzerne Grabkammer errichtet war. An der Ostseite befinden sich mindestens 18 Keramikgefäße eines Geschirrsatzes; im Zentrum der Grabanlage liegt auf einem Häufchen der sorgfältig ausgelesene Leichenbrand.*

Bestimmung der verbrannten Knochenreste Aufschluss über das Geschlecht des bestatteten Individuums geben. Die Analyse der Knochenfragmente durch den Anthropologen Joachim Wahl vom Landesdenkmalamt hat unmittelbar nach der Ausgrabung ergeben, dass es sich eher um ein weibliches als um ein männliches Individuum im erwachsenen Alter gehandelt hat.

Fast alle Keramikgefäße sind reich verziert und heben sich dadurch von den eher spartanisch mit Verzierungen und Farben versehenen typischen Gefäßen der sog. Ostalbkeramik der Hallstattzeit ab. Neben weniger mit großen Fragmenten bestehende Leichenbrand lag auf einem Häufchen etwa im Zentrum des Grabes und war ursprünglich in einem organischen Behältnis deponiert. Offen bleibt die Frage, ob und in welchem Umfang sich in diesem Teil der Grabkammer Beigaben aus vergänglichen Materialien befunden haben. Da keine geschlechtsspezifischen Trachtbestandteile aus Metall (z. B. Nadel oder Schwert) vorhanden waren, kann die anthropologische

*69 Osterholz, Grabhügel 2.
Freilegen der zerdrückten Keramikgefäße im Sommer 2003.*

71 Osterholz, Grabhügel 2. Der größte Teil der Gefäße war wie dieses Kegelhalsgefäß reich verziert mit eingeritzten geometrischen Ornamenten, deren Wirkung auf dem rot-schwarz engobierten Hintergrund durch weiße Paste hervorgehoben wurde.

70 Kirchheim-Osterholz. Grabhügel 2. Farbige zeichnerische Rekonstruktion einer ritzverzierten Kragenrandschüssel mit farbiger Ausgestaltung.

schwarzen Streifen ornamentierter ist es vor allem ritzverzierte und monochrom schwarz-rot engobierte Keramik. Die Ritzverzierungen bestehen aus Zickzackbändern mit Leiterbändern und mit Kreuzschraffur gefüllten Dreiecken (Abb. 70, 71), wobei sich in den Ritzlinien z. T. noch Reste einer weißen Füllung finden. Diese verstärkt die Wirkung der geometrischen Ornamente vor dem schwarz-roten Hintergrund. Entsprechende ritzverzierte Keramik findet sich in den ältesten Phasen der Heuneburg sowie in dem ältesten zugehörigen Großgrabhügel, dem Hohmichele. Ursula Brosseder hat in einer jüngsten Bearbeitung herausgestellt, dass diese ritzverzierte hallstattzeitliche Keramik in eine jüngere Phase der Stufe Hallstatt C datiert und damit etwa in die 2. Hälfte des 7. oder an den Beginn des 6. Jahrhunderts v. Chr. zu stellen ist. So kann nicht ausgeschlossen werden, dass der oder die in Hügel 2 von Osterholz Bestattete vergleichbar zu den Befunden der Heuneburg an den Beginn der Genese des Ipfs zum Fürstensitz während des 6. und 5. Jahrhunderts v. Chr. einzustufen ist. Diese Vermutung wird durch die isolierte Lage des Hügels und durch den später hinzugekommenen Großgrabhügel (Hügel 1, Abb. 63) bestärkt.

Zweifellos handelt es sich bei den verflachten Großgrabhügeln beim Weiler Osterholz um ehemals monumentale Grabhügel einer sozialen Elite, die auf dem Ipf ihre repräsentative Burg besaß, wobei die Rechteckhöfe als Wirtschaftshöfe und Wohnplätze am Fuße der Burg verstanden werden können. Vergleichbar zu den Befunden der Heuneburg wird man die Flächen um den heutigen Weiler Osterholz als eine Außensiedlung der Burg auf dem Ipf ansprechen können.

Der Ipf – ein frühkeltischer Fürstensitz!

Die Topographie am Westrand des Ries legt es nahe, die zwischen Ipf und Goldberg gelegenen, von Palisaden umwehrten Hofanlagen bei Osterholz in enger Beziehung zur Burg auf dem Ipf zu sehen (Abb. 72). Die in den Höfen gefundenen südlichen Importgüter – attisch-rotfigurige Trinkgefäße und Wein-Amphoren, aber auch die griechische Münze – gehören ebenso wie die kennzeichnende, auf der Töpferscheibe hergestellte einheimische Keramik, zu charakteristischen archäologischen Funden von Fürstensitzen der späten Hallstatt- und der frühen Latènezeit Mitteleuropas. Hinzukommen nach den neuesten Entdeckungen im näheren Umkreis des Ipf und der Gehöfte monumentale Grabhügel. Wie schon zu Beginn ausgeführt, gelten solche großen Grabhügel wie bei der Heuneburg, am Hohenasperg und am Mont Lassois bei Châtillon-sur-Seine wegen ihrer offenkundigen topographischen Beziehung zu der jeweiligen Burg als bezeichnend für diesen Siedlungs-Typus. Die seit langem übliche Bezeichnung „Fürstengräber" für die reich mit Beigaben ausgestatteten Zentralgräber dieser großen Grabhügel, vor allem aber die davon abgeleitete Benennung jener Burgsiedlungen als „Fürstensitze", wurde vor Jahren mehrfach als theoretisch angreifbare, historische Analogiebildung kritisiert.

Franz Fischer konnte jedoch zeigen, dass sich diese Bedenken auflösen, wenn man sich um die zeitlich entsprechenden Erscheinungen der Antike bemüht und dabei auch die sozialen Verhältnisse besonders bei den Kelten Galliens genauer berücksichtigt – sofern man der Etymologie und Geschichte des Wortes „Fürst" in Verbindung mit dem lateinischen „princeps" nachgeht. Fischer hat eindrücklich dargestellt, dass wir an den Begriffen „Fürstengräber" und „Fürstensitze" festhalten können. Wir verstehen sie heute als Zeugnisse einer einheimischen, frühkeltischen Aristokratie, die mit der mediterranen Welt in Kontakt stand und unter dem Eindruck überwiegend griechischer, aber auch etruskischer Lebensart deren statusbetontes Ambiente mit Weingenuss beim festlichen Mahl mit dem zugehörigen Trinkgeschirr nachzuahmen versuchte. Dabei führte sie zunächst die altgewohnte, besondere Wertschätzung von Metallgeschirr weiter, übernahm dann alsbald in gesteigerter Weise einzelne Stücke und auch Formen aus dem Süden. Erst im späteren 6. Jahrhundert setzt mit dem Wein-Import die Einfuhr bemalter griechischer Vasen ein. Sie werden zuerst in den Siedlungen greifbar, in den Grabausstattungen finden sie sich erst mit Verzögerung und zusätzlich zum Metallgeschirr. Auf dem Ipf und in den Rechteckhöfen am Fuße des Berges ist diese Entwicklung durch mittlerweile rund 40 griechische Scherben schwarz- und rotfiguriger Keramik deutlich belegt.

Schon die neueren Untersuchungen im unmittelbaren Umfeld der Heuneburg haben jedoch gezeigt, dass die Verhältnisse nicht einfach dem Vorstellungsbild einer mittelalterlichen Burg

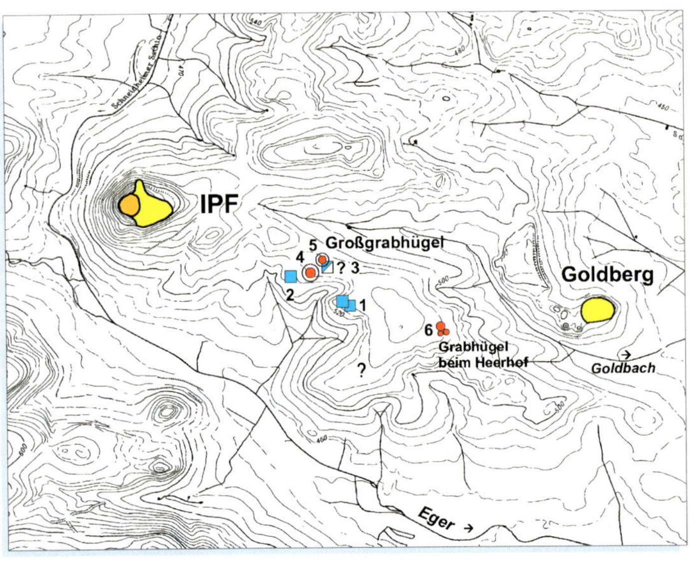

72 Karte der Region zwischen Ipf und Goldberg. Auf dem Höhenrücken zwischen Ipf und Goldberg liegen die neu entdeckten Rechteckhöfe, die beiden Großgrabhügel und eine kleine hallstattzeitliche Grabhügelgruppe beim Heerhof, die zu einem Außenbereich der Burg auf dem Ipf gehörten. Kartengrundlage: orohydrographische Karte L7128, Nördlingen.

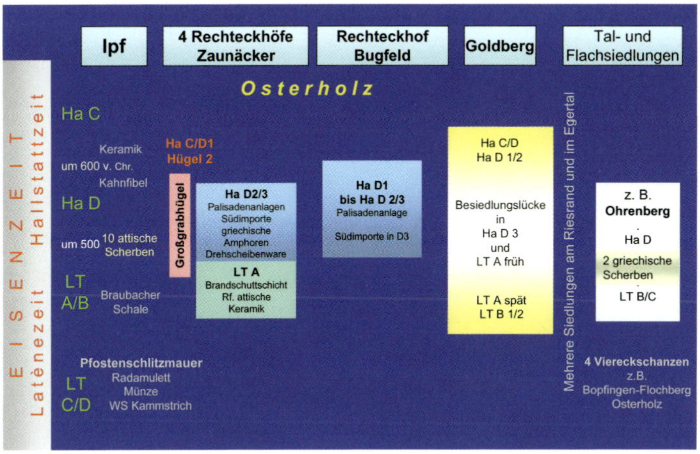

73 Schema der eisenzeitlichen Siedlungsphasen der Siedlungen auf Ipf und Goldberg und ihrem Umland. Hervorgehoben sind die Hofanlagen der Außensiedlung beim Weiler Osterholz mit Südimporten und Großgrabhügeln.

mit außen vorliegendem Wirtschaftshof entsprechen. Auch die Erforschung der früheisenzeitlichen Siedlung unweit des Fürstengrabes von Eberdingen-Hochdorf hat ergeben, dass der Herr dieses – offenbar unbefestigten – Wohnplatzes hier residierte: in einiger Distanz zu der Burg auf dem Hohenasperg, zu deren Umfeld er aber zweifellos gehörte.

Ein fast noch deutlicheres Bild ergibt sich nun am Ipf und seinem Umkreis; besonders das schon wiederholt diskutierte Verhältnis zwischen Ipf und Goldberg mitsamt ihren Befestigungen gewinnt jetzt ein schärferes Profil (Abb. 73). Die späthallstattzeitliche Siedlung auf dem Goldberg scheint im Verlauf des 6. Jahrhunderts an Bedeutung verloren zu haben und aufgegeben worden zu sein, als die von Palisaden umwehrten Gehöfte am Fuße des Ipf erstmals errichtet wurden. Nach einem Rückgang der Besiedlung in der Stufe Hallstatt D 2 fehlt auf dem Goldberg die archäologische Phase Hallstatt D 3 vollständig, seine Besiedlung setzt erst wieder in einem entwickelten Frühlatène (noch im Sinne von Latène A) ein und wird dann bis ans Ende dieser Kulturphase (bis Ende Latène B) fortgeführt. Die Verlagerung der Siedlung vom Goldberg zu den Gehöften am Fuße des Ipf erfolgte offenbar zu der Zeit, als die südlichen Importgüter hier auftauchen. Es sieht also fast danach aus, als ob dies als Sitz-Verlagerung des „Burgherrn" (nach Bersu) vom Goldberg zum Ipf interpretiert werden kann. Es zeichnet sich aber jetzt schon ab, dass die Hofanlagen auf dem Höhenrücken zwischen Ipf und Goldberg einen „Außenbereich" zur Burg auf dem Ipf bildeten, in dem die „Herren" der Burg wohnten und wirtschafteten, ähnlich wie bei der Heuneburg.

Als wichtiger Faktor für Entstehung und Existenz von Fürstensitzen gelten Zugriff und Kontrolle von Bodenschätzen in der unmittelbaren Umgebung. Für die Burg auf dem Ipf wurden bisher die reichen Bohnerzvorkommen auf dem nahen Härtsfeld und auf der Ostalb entsprechend eingeschätzt.

Die bisherigen Entdeckungen zeigen, dass durch das Eisen zweifellos eine wirtschaftliche Potenz gegeben war, die Grundlage für jene politische Position bot, die für unsere Augen durch den Besitz des begehrten Weins und attischer Vasen zum Ausdruck kommt.

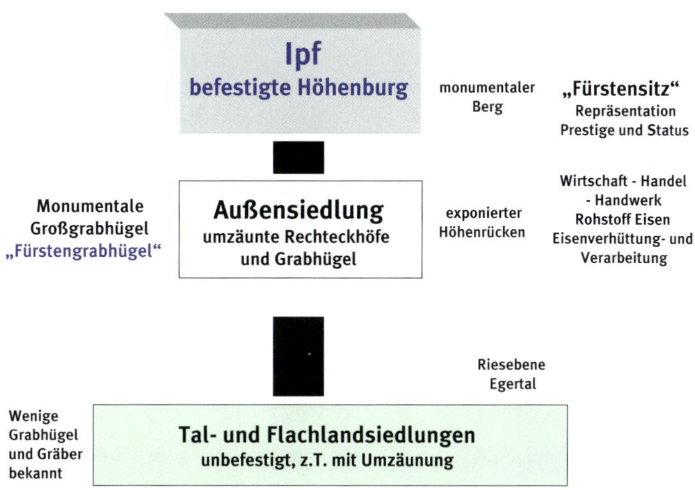

74 Siedlungshierarchie am Westrand des Nördlinger Ries: Fürstensitz auf dem Ipf, Außensiedlung mit Großgrabhügeln und einem Siedlungsumfeld mit Flachlandsiedlungen, die wohl in deutlicher Abhängigkeit zur Burg auf dem Ipf gestanden haben.

Keltische Viereckschanzen der jüngeren Eisenzeit (3./2. Jh. v. Chr.) – ein spätkeltisches Zentrum auf dem Ipf?

→ RÜDIGER KRAUSE

Bereits im Jahre 1979 entdeckte Otto Braasch zu Füßen des Ipf neben der Bundesstraße 29 auf der Gemarkung von Flochberg, Stadt Bopfingen, am Rande der Talaue der Eger das Grabenwerk einer keltischen Viereckschanze (Abb. 75). Im Zuge von Industrieansiedlungen der Stadt Bopfingen wurde die Anlage zwischen 1989 und 1992 einschließlich ihres Umfeldes auf 3,5 Hektar Fläche nahezu vollständig ausgegraben (Abb. 76). Die Ergebnisse der Ausgrabungen haben in der Folge zu einer geänderten Einschätzung der Viereckschanzen geführt, weg von der einseitigen Interpretation als Kultanlagen. Die Viereckschanze von Bopfingen stellte keine isoliert und abseits gelegene (Kult-)Anlage dar, vielmehr wurde sie inmitten von Siedlungsflächen errichtet und bildete vermutlich den Mittelpunkt einer (oder mehrerer) Siedelgemeinschaft(en). Sie stellte gleichsam den Höhepunkt einer siedlungsdynamischen Entwicklung seit der jüngeren Frühlatènezeit über etwa 200 Jahre hinweg bis an den Beginn der Spätlatènezeit dar. Die verschiedenen Beobachtungen erhärten den Verdacht, dass es sich bei der Bopfinger Viereckschanze um einen Quadrat- oder Rechteckhof in seiner jüngsten Ausbauphase gehandelt hat. Ein solcher Hof könnte unterschiedliche, zentralörtliche Funktionen gehabt haben, in erster Linie war er wohl aber Sitz einer einflussreichen Familie oder eines Klans, der wirtschaftliche Potenz und dadurch auch gewisse politische und auch religiöse Funktionen innehatte.

Vor der Entdeckung und Ausgrabung der Viereckschanze von Bopfingen-Flochberg war im Umkreis des Ipf nur die heute noch obertägig gut erhaltene Anlage von Kirchheim-Jagstheim (Abb. 11) bekannt; beide Anlagen liegen in jeweils gleicher Entfernung von etwa 3 km zum Ipf (Abb. 78). Im Jahre 2000 wurde im Zuge der Ausgrabungen beim Weiler Osterholz, Gemeinde Kirchheim am Ries, zunächst durch geomagnetische Testprospektionen, dann durch eine großflächige geomagnetische Messung durch Harald von der Osten-Woldenburg, eine weitere, bisher unbekannte, doppelte keltische Viereckschanze entdeckt (Abb. 80, 82). Sie liegt am Westrand des Waldes Osterholz im Gewann „Schanze". Der Name sowie die noch bis in die 50er-Jahre obertätig sichtbaren Wallreste wurden stets mit Schanzanlagen aus der Zeit des Dreißigjährigen Krieges in Zusammenhang mit der Schlacht bei Nördlingen gebracht.

Zuletzt gelang es Otto Braasch im Sommer 2001, eine vierte bis dahin ebenfalls noch unbekannte Viereckschanze nördlich von Bopfingen-Trochtelfingen im Gewann Eichert zu lokalisieren (Abb. 79). Die drei erst genannten Anlagen liegen jeweils östlich in drei Kilometer Entfernung zum Ipf; die Entfernung der Viereckschanze von Trochtelfingen zum Ipf ist mit 3,6 km Luftlinie nur geringfügig größer (Abb. 78). Alle vier Anlagen befinden sich östlich des Ipf in exponierten topographischen Positionen auf Kuppen der Randhöhen des Ries, lediglich die Anlage von Bopfingen-Flochberg macht hier durch ihre Lage am Rande der Talaue der Eger eine Ausnahme. Während drei der Anlagen in unmittelbarer Sichtverbindung mit dem Ipf stehen, ist dies für die neue Viereckschanze von Bopfingen-Trochtelfingen noch nicht sicher nachgewiesen, da der heutige Wald im Osterholz eine Beurteilung erschwert.

Aus der Lage der vier Viereckschanzen wird ihr Bezug zum Ipf deutlich. Ihre Entfernungen untereinander, die nur zwischen einem Kilometer und bis drei Kilometer im Falle der Viereckschanze von Kirchheim-Jagstheim betragen, verdeutlichen, dass es im Umkreis des Ipf eine Konzentration dieser Anlagen gab (Abb. 78). Für die Konzentration und Lage der Vier-

75 Luftbild der keltischen Viereckschanze von Bopfingen-Flochberg im Gewann „Brühläcker" an der B 29 als positives Bewuchsmerkmal im Jahr 1979. Luftbild Otto Braasch vom 10.6.1979.

76 Bopfingen-Flochberg, Industriegebiet Nord-Ost. Plan der keltischen Viereckschanze mit älteren und zeitgleichen eisenzeitlichen Siedlungsspuren am Rande der Talaue der Eger. Ausgrabungen 1989–1992.

eckschanzen scheint aber auch noch ein weiterer Faktor ausschlaggebend zu sein: Sie liegen alle westlich der Grenze der Auswurfmassen des Rieskraters auf einer Scholle des Braunen Jura, in dem die Eisenflöze aus oolithischem Brauneisenerz (Limonit) und seinen verschiedenen Verwitterungsformen (Eisenkrusten) anstehen. Wie die neuen archäologischen Forschungen im Umkreis des Weilers Osterholz zeigen, spielt die Frage des Eisens und seine Verarbeitung bereits in der späten Hallstattzeit eine wichtige Rolle, sodass ein entsprechender Hintergrund auch für die jüngere Latènezeit nicht ausgeschlossen werden kann.

Die Häufung von Viereckschanzen am Ipf könnte durchaus in Zusammenhang mit den Befestigungen auf dem Berg stehen und spiegelt gleichsam seine Bedeutung und Funktion auch in der jüngeren Eisenzeit wider. Die von Hertlein in der äußeren Befestigung des Ipf (Abb. 14, Wall Nr. 5) festgestellte Pfostenschlitzmauer (Abb. 15) ist zusammen mit einigen Lesefunden der jüngeren Latènezeit die Grundlage für eine Einordnung der Befestigung in die jüngere Eisenzeit; dieser äußere Wall umfasst unter Einbeziehung des Gipfelplateaus und der Wassergruben am Nordhang bis hinunter auf die flachere Ostflanke eine Fläche von etwa 11,5 Hektar. Für eine mögliche Besiedlung eignen sich davon jedoch nur etwa 7 Hektar Fläche in den flacheren Arealen im Osten und Süden.

77 Lebensbild und Rekonstruktion der keltischen Viereckschanze von Flochberg und der umliegenden Landschaft.

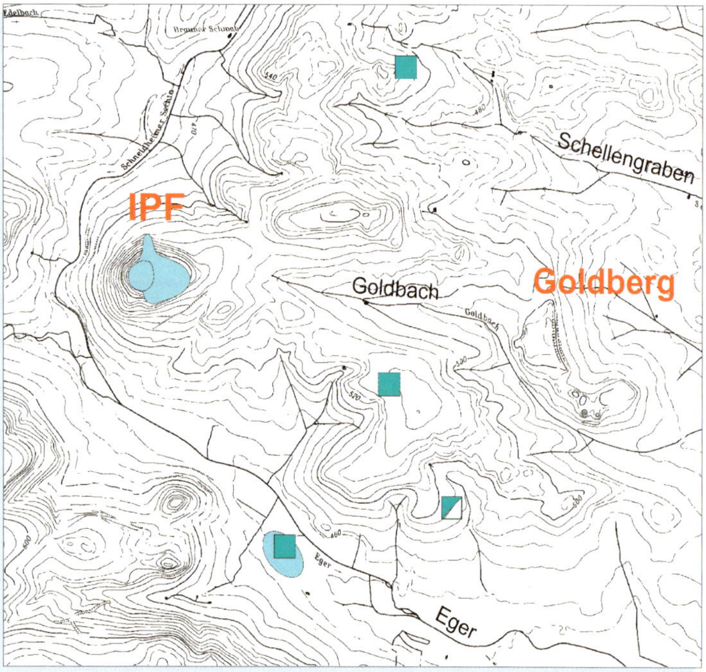

Viereckschanzen

Luftbildbefund

Siedlung

78 Westrand des Nördlinger Ries. Im Umfeld des Ipf liegen vier keltische Viereckschanzen, die einen unmittelbaren Bezug zu den jünger latènezeitlichen Befestigungen auf dem Ipf haben dürften und die Stellung des Ipf als befestigte Großsiedlung oder kleines Oppidum unterstreichen. Ausschnitt der orohydrographischen Karte der TK 7128 Nördlingen.

Dieser äußere Wall Nr. 5 gibt zusammen mit der darin enthaltenen Pfostenschlitzmauer Anlass zu der Vermutung, dass hier ein Ausbau der Befestigung in der jüngeren Latènezeit zu einer Großsiedlung vorliegen könnte. Die östlich des Ipf gelegenen Viereckschanzen markieren das dazu gehörende unmittelbare Siedlungsumfeld und können als befestigte Hofanlagen verstanden werden, wie dies am Beispiel der Viereckschanze von Bopfingen-Flochberg im Egertal (Abb. 77) oben ausgeführt wurde.

Somit zeichnet sich im Umfeld des Ipf auch für die jüngere Eisenzeit durch die Konzentration keltischer Viereckschanzen ab (Abb. 78), dass sich in dessen Befestigungen eine Großsiedlung und ein Zentrum verbergen, das als kleines Oppidum verstanden werden könnte.

Der Ipf ist mit seinen umfangreichen Befestigungsanlagen und ehemaligen Mauern einer der seltenen Fälle, wo in verkehrsgünstiger Lage sowohl während der älteren als auch der jüngeren Eisenzeit bedeutende Anlagen bestanden. Diese stehen wohl auch mit dem hier vorhandenen, wichtigen Rohstoff Eisenerz, seiner Gewinnung, der Herstellung von Eisen und wahrscheinlich vor allem seiner Verarbeitung in Zusammenhang.

79 Bopfingen-Trochtelfingen. Keltische Viereckschanze südöstlich des Waldes Osterholz im Gewann Eichert. Die verfüllten Gräben der leicht trapezförmigen Anlage sind deutlich als positives Bewuchsmerkmal zu erkennen.

80 Luftbild der großen keltischen Viereckschanze am Westrand des Waldes Osterholz. Die verfüllten Gräben sind als positive Bewuchsmerkmale zu erkennen (vgl. Abb. 82).

Geophysikalische Prospektionen im Umfeld des Ipf

HARALD VON DER OSTEN-WOLDENBURG

Bislang wurden vom Landesdenkmalamt Baden-Württemberg vier geophysikalische Prospektionen im Umfeld des Ipf auf den Gemarkungen der Stadt Bopfingen und der Gemeinde Kirchheim am Ries durchgeführt: Die geomagnetischen Untersuchungen einer doppelten Viereckschanze und eines Rechteckhofes in unmittelbarer Nähe zum Weiler Osterholz, Gemeinde Kirchheim am Ries, ferner die ebenfalls geomagnetischen Messungen des gesamten Gipfelplateaus des Ipf sowie eines Teilbereiches des Goldbergplateaus. Außerdem wurden 2002 geophysikalische Prospektionen im Bereich der beiden Großgrabhügel und von römischen Bauten im Gewann „Krummes Gewand" bei Osterholz von der Firma Terrana, Tübingen, im Auftrag des Landesdenkmalamtes durchgeführt. Die Ergebnisse dieser Messungen sind bereits vorgestellt worden (s. Seite 37f). Näher erläutert werden nun die Ergebnisse der vom Landesdenkmalamt durchgeführten Untersuchungen, und zwar die beiden Messungen bei Osterholz sowie die vollständige Kartierung des Gipfelplateaus auf dem Ipf.

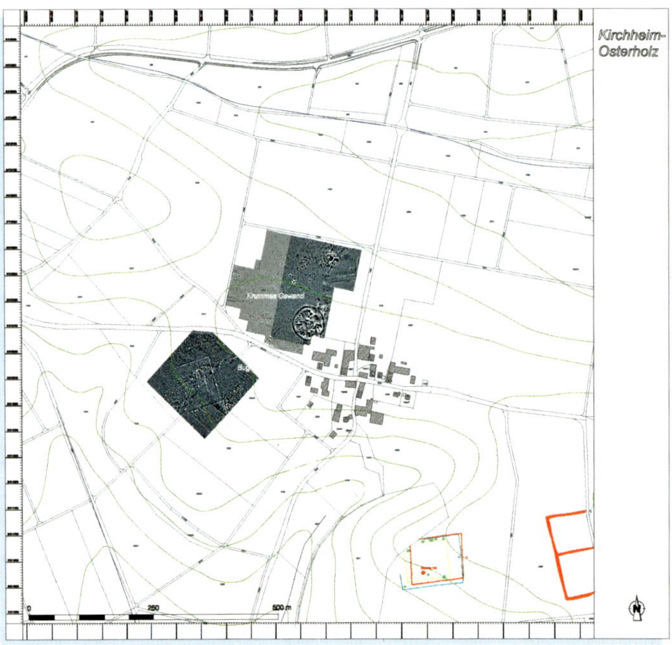

81 Kirchheim am Ries, Weiler Osterholz. Katasterplan mit geophysikalisch prospektierten Flächen und Grabungsstrukturen in verschiedenen Gewannen.

Die keltische Doppelschanze bei Osterholz, Gemeinde Kirchheim am Ries

Südöstlich des Weilers Osterholz, in unmittelbarer Nachbarschaft zu den 2000 und 2001 ergrabenen Rechteckhöfen gelegen, konnte im Gewann Schanze eine bisher unbekannte, große doppelte keltische Viereckschanze entdeckt werden (Abb. 81). Der Name des Gewanns „Schanze" wurde bisher mit Schanzanlagen in Verbindung gebracht, die aus der Zeit des Dreißigjährigen Krieges hätten stammen können.

Das Ergebnis der geomagnetischen Kartierung ergab eine doppelte Viereckschanze, deren östlicher Abschluss sich am heutigen Waldrand von Osterholz befindet (Abb. 82). Vor allem im nördlichen Bereich dieser doppelten Viereckschanze erlauben unterschiedliche Anomalien Rückschlüsse auf Teile der Innenbebauung, wie etwa die Pfostenstellungen (A) nahe des östlichen Randes der prospektierten Fläche, die sich im Magnetogramm durch linear angeordnete, in etwa kreisrunde helle Anomalien abzeichnen. Die am deutlichsten ausgeprägte Struktur (B) lässt den Anomalien zufolge an dieser Stelle ein Grubenhaus oder einen Keller erwarten, dessen Reste sich nur wenig unterhalb der Erdoberfläche befinden. Die geomagnetischen Anomalien des süd-

82 Kirchheim am Ries, Weiler Osterholz. In ein entzerrtes Luftbild digital eingebundenes Magnetogramm einer doppelten keltischen Viereckschanze im Gewann Schanze. Erklärung der Buchstaben im Text

lichen Bereiches der Doppelschanze sind ungleich schwächer ausgeprägt als die des nördlichen Teiles. Aufgrund der topographischen Verhältnisse dürfte der Grund hierfür eine erhöhte Erosion des südlichen Bereiches sein.

Westlich der Viereckschanze deuten hellere Lineamente (C) auf weitere Graben- und Gräbchenstrukturen hin. Ob es sich dabei um einen weiteren Rechteckhof handelt, kann indes nur durch eine Grabung verifiziert werden. Dies gilt auch für die Struktur (D), allein deren Lage, deren Kontext zu dessen Umgebung sowie dessen Ausrichtung vermuten lässt, in besonderem Zusammenhang zur Viereckschanze zu stehen. Anomalie (E) entspricht einem ehemaligen, heute nicht mehr sichtbaren Feldweg.

Ein weiterer Rechteckhof beim Weiler Osterholz

Von Otto Braasch wurde 1998 westlich des Weilers Osterholz, Gemeinde Kirchheim am Ries, im Gewann Bugfeld ein weiterer Rechteckhof aus der Luft entdeckt, der größtenteils im März 2004 geomagnetisch prospektiert wurde und ab Mai 2004 archäologisch untersucht werden wird. Die geophysikalisch kartierte Fläche überstreicht ein Areal von 160 m × 160 m und wird durch einen asphaltierten Feldweg in nahezu zwei gleich große Teilflächen unterteilt (Abb. 83). Die Messfläche ist im Norden durch die Zufahrtsstraße zum Weiler Osterholz begrenzt.

Die Anomalien sind in den durch den asphaltierten Feldweg unterteilte Teilflächen unterschiedlich stark ausgeprägt, d. h. sie erscheinen im Magnetogramm im westlichen Bereich der prospektierten Gesamtfläche wesentlich deutlicher. Dies ist mit hoher Wahrscheinlichkeit nicht nur auf topographisch bedingte, lokal unterschiedlich starke Erosionsvorgänge zurückzuführen, sondern auch auf den Erhaltungszustand des archäologischen Objektes, da der östliche Teilbereich ungleich tiefer beackert wird als der westliche.

Zu erkennen sind (Abb. 83) neben dem Umfassungsgraben (A), dessen westliches, nahezu abruptes und unerwartetes Ende (B) wohl auf einer vollständigen Erosion des weiteren Grabenverlaufes basiert, eine weitere Grabenstruktur (C) bislang unbekannter Bedeutung am Ostrand des Rechteckhofes, ferner eine weitere Unterteilung (D) wie auch mehrere rechteckig ausgeführte Grabenstrukturen (E) im Inneren der Anlage. Dunkel ausgeprägte Lineamente (F) sind auf Beackerungsspuren zurückzuführen, die leider im Bereich der Innenbebauung besonders deutlich ausgeprägt sind und somit im Magnetogramm störend den archäologischen Befund überprägen. So dürften auch

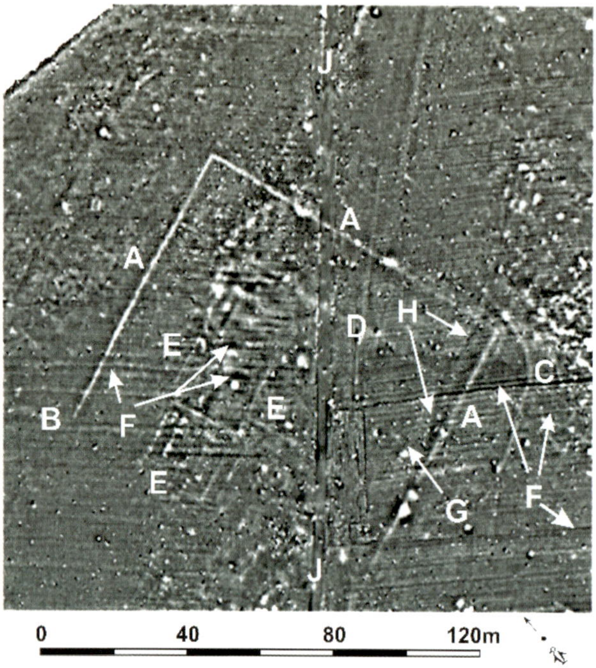

83 Kirchheim am Ries, Weiler Osterholz. Magnetogramm der Rechteckhofstrukturen im Gewann Bugfeld. Die geomagnetisch kartierte Fläche beträgt 160 m × 160 m.

rechteckige Strukturen wie (G) oder Lineamente wie (H), die oberflächlich nicht sichtbar sind, auf neuzeitlichen und landwirtschaftlichen Einfluss zurückzuführen sein. Mit (J) wird das geomagnetische Abbild des asphaltierten Feldweges bezeichnet.

Um den störenden Einfluss der im Magnetogramm als dunkle, einander parallele Lineamente erscheinende Beackerungsspuren unterdrücken zu können, wurden spezielle Filteroperationen auf das Magnetogramm der Abbildung 83 angewendet. Das Ergebnis ist in der Abbildung 84 zu erkennen. Um die im vorigen Abschnitt angesprochenen, archäologisch bedingten Anomalien besser studieren zu können, haben wir auf eine erneute Kennzeichnung dieser Anomalien in der Abbildung 84 verzichtet.

84 Kirchheim am Ries, Weiler Osterholz. Magnetogramm des Rechteckhofs, Beackerungsspuren korrigiert.

Das Gipfelplateau des Ipf bei Bopfingen

Das Magnetogramm des Gipfelplateaus (Abb. 86) enthält eine Fülle unterschiedlichster Anomalien, die auf den ersten Eindruck hin eher verwirrend als über die archäologische Siedlungssituation aufklärend erscheinen mögen. Eine längere und intensive Betrachtung dieser oft schwächeren Strukturen ist daher nötig, um sich ein detaillierteres Bild von Siedlungsstrukturen auf dem Hochplateau machen zu können. Mit (Z) haben wir in

Die geomagnetische Prospektionsmethode

Unterschiede in den magnetischen Eigenschaften in den oberen Bodenschichten verursachen schwache, lokal begrenzte Abweichungen des Erdmagnetfeldes. Diese Abweichungen, im Folgenden Anomalien oder auch geomagnetische Störfelder genannt, werden an der Erdoberfläche mit empfindlichen Magnetometern erfasst. Gegenstand der geomagnetischen Prospektion in den archäologischen Wissenschaften sind die durch den anthropogenen Einfluss veränderten Magnetisierungskontraste: Die Umwandlung der in den Böden vorhandenen schwach magnetischen Oxide und Hydroxide in stärker magnetische Eisenoxide führt zu einer erhöhten Magnetisierung der entsprechenden Bereiche. Diese Umwandlung kann entweder durch Hitzeeinwirkung bei vorhandenen anaeroben Bedingungen (Anwesenheit von organischem Material) innerhalb der oberen Bodenschichten erfolgen. Je mehr organisches Material und Eisen in den Bodenschichten vorhanden sind und je höher die Temperaturen sind, die bei Bränden erreicht werden, desto größer ist deren geomagnetische Anomalie.

Die Zunahme der Suszeptibilität (eine physikalische Eigenschaft, die beschreibt, wie gut ein von außen angelegtes magnetisches Feld vom entsprechenden Material aufgenommen und wie stark die durch dieses Material ausgebildete geomagnetische Anomalie sein wird) in den oberen Bodenschichten kann nach dem französischen Wissenschaftler Le Borgne auch auf Fäulnisprozesse zurückgeführt werden, in denen sich während feuchten und trockenen Witterungsperioden oxidierende bzw. reduzierende Milieus einstellen. Dabei wird der schwach magnetische Hämatit in das stark magnetische Mineral Maghemit umgewandelt. Die Erhöhung der magnetischen Eigenschaften bei der Verrottung von organischem Material (z. B. Hölzern) beruht auf einem weiteren Magnetisierungsprozess, der auf magnetotaktische Bakterien und durch Bakterien eingeleitete chemische Reaktionen hervorgerufen wird.

Die Kartierung dieser Anomalien erfolgt flächendeckend und mit hoher Messdichte (16 Messungen pro Quadratmeter). Die hier vorgestellten Untersuchungen wurden mit einem Fluxgate-Gradiometer FM36 von Geoscan Research, U. K., durchgeführt.

85 Geomagnetische Prospektion auf dem Gipfelplateau des Ipf.

der Abbildung 86 den Zugang zum Hochplateau gekennzeichnet.

Auffallend mögen zuerst lang gestreckte, oft rechtwinklig zueinander angeordnete (A), teilweise gebogene Lineamente (B) sein, die sich als helle Linien im Magnetogramm abbilden und sich über weite Teile der Hochfläche erstrecken. Diese geomagnetischen Störfelder sind charakteristisch für Grabenstrukturen. Doch können wir nicht a priori davon ausgehen, dass all diese Strukturen anthropogenen Ursprunges sein müssen. Denkbar für die Ausbildung dieser Anomalien sind auch geologische Kluftsysteme. Geomagnetische Anomalien von künstlichen Gräbchen- und natürlichen Kluftsystemen sind nicht immer voneinander zu unterscheiden. Dennoch ist davon auszugehen, dass die meisten dieser Strukturen auf menschliche Tätigkeiten zurückzuführen sind, wie beispielsweise die Strukturen (C) mit (F).

Feinere, wesentlich schwächer ausgeprägte Lineamente (G) oder die im Vergleich hierzu wesentlich deutlicher erkennbaren Anomalien (H) basieren auf Beackerungsspuren neuzeitlicher landwirtschaftlicher Nutzung (vgl. Abb. 16). Hingegen können Strukturen ähnlich schwacher Ausprägung wie (G), etwa die Enklavenform (J), durchaus von archäologischem Interesse sein. Die stark ausgeprägten, sichelförmigen Anomalien (K) resultieren hingegen aus möglicherweise neuzeitlichen Eingriffen in die Topographie.

Mit (L) ist in der Abb. 86 die sichtbare Hangkante gekennzeichnet, jenseits dieser in der Topographie ein steiler Abfall erfolgt. Die geomagnetische Kartierung haben wir über diese Hangkante hinaus durchgeführt. Dabei konnten weitere Anomalien (M) erfasst werden, die auf eine Befestigungsanlage (beispielsweise Palisadenzaun) hinweisen, die wenige Höhenmeter unterhalb des Plateaus um den Berg herumgeführt worden sein muss. Aufgrund der steil abfallenden Topographie jenseits der mit (L) markierten Hangkante und der parallel zur Erdoberfläche durchgeführten Messungen muss mit einer teilweise nicht zu vernachlässigenden Verzerrung in der Ortslage der Abbildung der Anomalien (M) gerechnet werden: Der horizontal im Magnetogramm ablesbare Abstand zwischen der hangumlaufenden Befestigung (M) und der Hangkante (L) in dem Magnetogramm erscheint somit etwas größer, als er in Wirklichkeit ist. Doch diese Verzerrung kann durch die Bestimmung des entsprechenden Hangneigungswinkels nachträglich korrigiert werden.

Die geomagnetische Methode ist ein integrales Verfahren. Dies bedeutet, dass alle unterhalb der Messsonden sich befindenden Störkörper, die im Erdmagnetfeld geomagnetische Störfelder ausbilden können, sich zu einem resultierenden Störfeld addieren, das vom Messgerät erfasst wird. Das sind somit nicht nur die nahe der Erdoberfläche sich befindenden, zumeist archäologisch bedingten Anomalien, sondern auch tiefer liegende, geologische Strukturen, die das Magnetogramm beherrschen oder zumindest beeinflussen können. Mit dem Prinzip der Feldfortsetzung ist es jedoch möglich, tiefer liegende Störfelder von höher liegenden Störfeldern rechnerisch zu separieren und somit den Einfluss beispielsweise der Geologie aus dem Magnetogramm zu extrahieren oder diesen zumindest signifikant reduzieren zu können. Bei der Fülle von unterschiedlichsten Anomalien in dem Magnetogramm der Hochfläche des Ipf war daher eine derartige Reduktion geologisch bedingter Einflüsse (im Sinne von tiefer liegenden Strukturen, oberflächennahe Kluftsysteme sind damit nicht gemeint) von Interesse.

In Abb. 87 sind neben einem 64 m × 64 m großen Ausschnitt aus dem Zentralbereich des Hochplateaus auch Ergebnisse der Feldfortsetzung nach oben um 1 m, 2 m, 3 m und 4 m enthalten. Bei der Feldfortsetzung werden die gemessenen Werte, die in einer bestimmten und bekannten Höhe erhalten wurden, in Messwerte umgerechnet, wie sie in tieferen (Feldfortsetzung nach unten) oder höheren (Feldfortsetzung nach oben) Messhöhen erhalten worden wären. Bei der Feldfortsetzung nach oben werden mit zunehmender Höhe die nahe der Erdoberfläche vorhandenen (zumeist archäologisch

86 Ipf, Gipfelplateau. Magnetogramm. Erklärung der Buchstaben im Text.

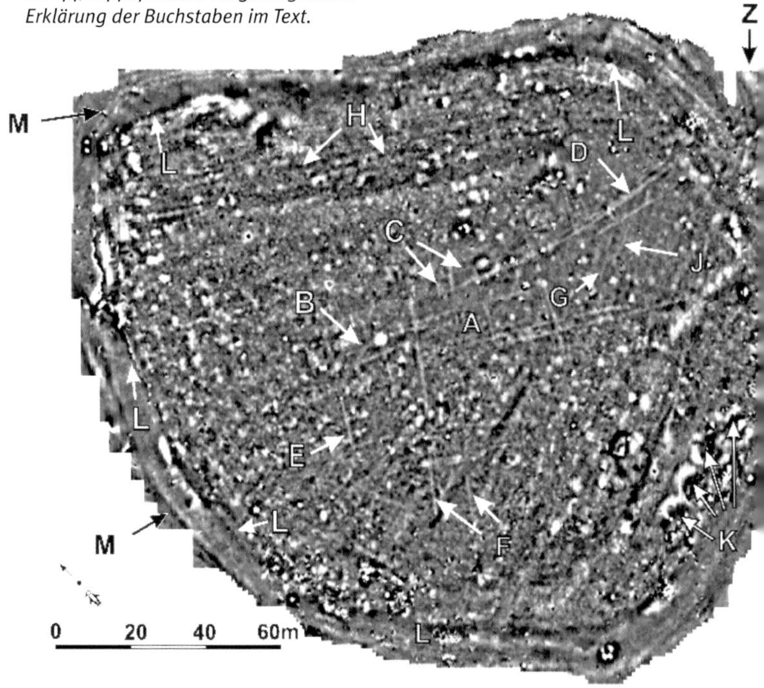

87 Ipf, Gipfelplateau. Korrektur des Einflusses der Geologie aus einem Ausschnitt des Magnetogrammes durch Feldfortsetzung nach oben.

bedingten) Anomalien zugunsten der tiefer liegenden Anomalien (z. B. Geologie) unterdrückt. Dies ist in der Abb. 87 in den einzelnen Teilabbildungen sehr gut zu erkennen: Mit zunehmendem Abstand von der Erdoberfläche reduzieren sich die von archäologischen Strukturen induzierten geomagnetischen Störfelder. Die Anomalien, die auf den unterhalb der archäologischen Schichten vorhandenen Störkörpern beruhen, bleiben bestehen und können schließlich aus den Originaldaten herausgefiltert werden (siehe letzte Teilabbildung der Abb. 87).

Der Vergleich zwischen Original-Magnetogramm und dem von den Einflüssen des tieferen Untergrundes befreiten Magnetogramm (erste bzw. letzte Teilabbildung der Abb. 87) weist in Teilbereichen eine größere Klarheit archäologisch bedingter Anomalien auf. Signifikante Unterschiede sind in den beiden Teilabbildungen jedoch nicht zu erkennen. Dies bedeutet, dass die in der ersten Teilabbildung erkennbaren Anomalien auf oberflächennahen Strukturen beruhen. Die Frage jedoch, auf wie viele Siedlungsperioden die Vielzahl erfasster Anomalien zurückgeführt werden kann, kann nur durch gezielte Grabungen beantwortet werden.

Der Ipf – ein typischer Zeugenberg der Schwäbischen Alb

ULRICH SAUERBORN, VOLKER DIETZE

Eindrucksvoll erhebt sich der Ipf rund 210 m über den Talgrund von Sechta und Eger auf eine Höhe von 668 m. Aus welcher Himmelsrichtung man sich Bopfingen nähert, der Berg fällt einem sofort ins Auge. Bei klarem Wetter sieht man ihn sogar vom über 30 Kilometer entfernten östlichen Riesrand bei Wemding deutlich. Nicht umsonst gilt er deshalb als Wahrzeichen Bopfingens, außerdem markiert er auch das östliche Ende der Schwäbischen Alb.

Seine isolierte Lage und außergewöhnliche kegelstumpfförmige Gestalt gaben schon immer Anlass zu Spekulationen darüber, wie er entstanden sein könnte. Heute ist die Frage klar zu beantworten. Der Ipf hat nichts mit Vulkanismus zu tun, und seine Entstehung hängt auch nicht mit dem Meteoriteneinschlag im Ries zusammen.

Der Ipf ist ein typischer Zeugen- oder Ausliegerberg der Schwäbischen Alb und gehört in eine Reihe mit Hohenstaufen,

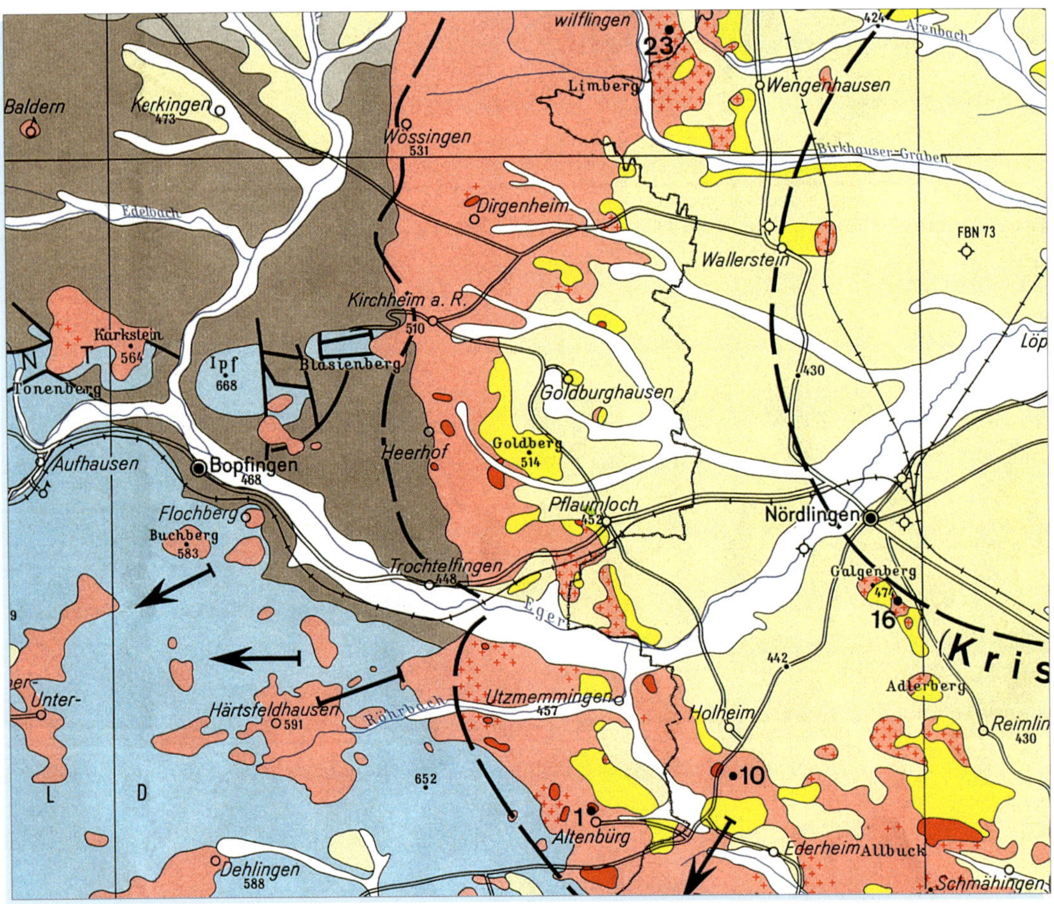

88 Ausschnitt aus der geologischen Übersichtskarte des Ries-Meteoriten-Kraters 1 : 100 000.

89 Der Ipf, ein Zeugenberg – durch Erosion und tektonische Vorgänge an seinem heutigen Originalstandort (autochton) herausmodelliert.

Rechberg und Hohenzollern. Der geologische Aufbau des prägnanten Bergkegels, mit einem Sockel aus eisenhaltigen Gesteinen des Braunen Jura und darüber liegenden Kalken und Mergeln des Weißen Juras, entspricht genau dem des nur zwei Kilometer südlich gelegenen Albrandes. Deutlich „bezeugt" der Berg, dass die Schwäbische Alb früher als zusammenhängendes Gebirge mindestens bis hierher gereicht hat.

Zwei Ursachen spielen für diese „Isolierung" des Ipf eine bedeutende Rolle: zum einen die Erosion. Sie räumte durch Wasser und Wind im Laufe von Jahrmillionen das Gebiet um den heutigen Zeugenberg aus. Zum Zweiten sind tektonische Vorgänge von großer Bedeutung. Während der Hebung der Alb wurden die Gesteine teilweise stark in Mitleidenschaft gezogen. Störungen bildeten sich heraus, die über große Entfernungen eigentlich horizontal abgelagerte Juragesteine an bestimmten Stellen bis über 100 m vertikal versetzten. Dabei läuft die größte Störungszone, das „Schwäbische Lineament", am Rande der Schwäbischen Alb entlang bis in den Bopfinger Raum und verursacht rund um den Ipf zahlreiche, bis 50 m hohe Gesteinsverschiebungen. Als Folge davon liegt das Gebiet um den Berg teilweise in einer bis zu 50 Meter tiefen geologischen Mulde. Im Vergleich zum Umland befinden sich hier die harten Weißjurakalke also etwas tiefer und waren so vor Abtragung im Lauf der Jahrmillionen länger geschützt als die etwas höher liegende Schwäbische Alb (Reliefumkehr). Der nahe gelegene Blasienberg ist ebenfalls ein Zeugenberg, allerdings nicht so eindrucksvoll ausgeprägt wie der Ipf.

Alles Jura – der geologische Aufbau rund um den Ipf

Alle Gesteine des Bopfinger Raumes gehören der Juraformation an. Sie sind rund 145 bis 200 Millionen Jahre alt und entstanden in einem gewaltigen Urmeer, der so genannten Tethys. Man unterscheidet drei große Stufen (Abb. 91):

In der Tiefe versteckt liegt der Untere oder Schwarze Jura. Es herrschen Tone, Mergel und

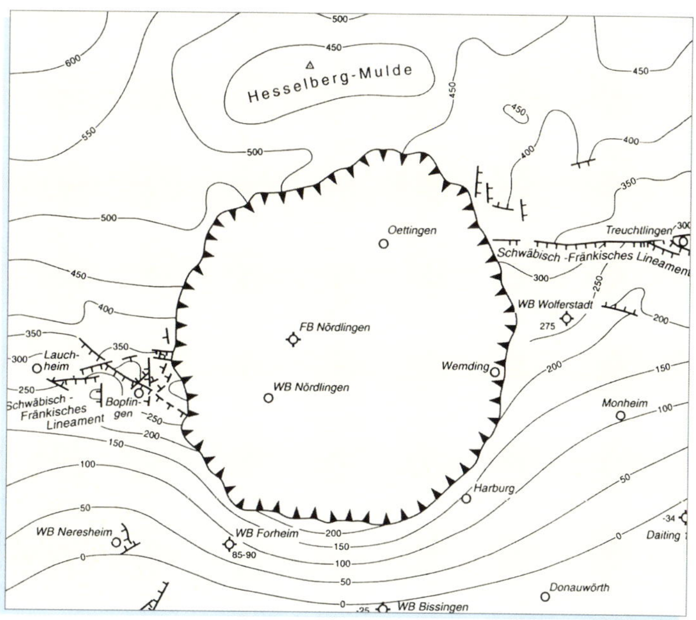

90 Tektonik des Nördlinger Ries mit Verwerfungen um den Ipf.

Schiefer vor, die durch hohen Bitumengehalt meist grau bis schwarz gefärbt sind. Kalkbänke kommen eher selten vor. Die Schichten des Schwarzen Juras treten erst einige Kilometer nördlich des Ipf im Bereich von Kerkingen und Zöbingen an die Oberfläche. Ihre Mächtigkeit beträgt etwa 30 Meter.

Der Sockel des Ipf wird durch die insgesamt rund 150 m mächtigen Schichten des Mittleren oder Braunen Juras gebildet. Neben Kalk-, Mergel- und Tonsteinen finden sich besonders häufig Sandsteine von meist brauner oder rotbrauner Farbe, die auf hohen Eisengehalt hinweist. Von großer Bedeutung für die Geschichte und Industrie sind die zahlreichen Eisenerzbänder im mittleren und oberen Braunen Jura. Sie wurden in vor- und frühgeschichtlicher Zeit durch Kelten, Römer und Alamannen abgebaut und in einfachen Rennfeueröfen zu Eisen verarbeitet. Bis 1948 wurde das Eisenerz in Aalen und Wasseralfingen sogar in großen Bergwerken unter Tage gewonnen. Bei den Paläontologen ist vor allem der obere Braunjura für seine reichhaltigen und besonders schönen Fossilfunde europaweit bekannt.

Mächtige Kalkstein- und Mergelablagerungen des Weißen Juras bauen den Ipf und die nahe liegende Schwäbische Alb auf. Rund 180 bis 200 m Dicke erreichen die typischen weiß leuchtenden, an vielen Stellen wie gemauert aussehenden Gesteinsformationen. Sie sind stark von Klüften und Spalten durchzogen und daher sehr wasserdurchlässig. Nur im unteren Weißjura kann sich das Wasser an dichten Tonschichten sammeln und tritt in Quellhorizonten zutage. In diesen Horizonten liegen auch die großen Zisternen auf der Nordseite des Berges.

Nur wenige Kilometer weiter östlich bei Kirchheim und Riesbürg ist diese Gesteinsabfolge durch den Ries-Meteoriteneinschlag völlig gestört und durcheinander geworfen. Neben den Ablagerungen der Jurazeit lassen sich hier sogar Gesteine des kristallinen Grundgebirges in den

91 Alle Gesteine des Bopfinger Raums gehören dem Jurasystem an. Man unterscheidet drei große Gesteinsserien: Schwarzer Jura, Brauner Jura und Weißer Jura.

J U R A

Serie	Mächtigkeit	Internationale Stufengliederung
145 Mill. Jahre		Tithonium
Weißer Jura oder Oberjura	ca. 160-180 m	Kimmeridgium
159 Mill. Jahre		Oxfordium
Brauner Jura oder Mitteljura	ca. 140-160 m	Callovium
		Bathonium
		Bajocium
180 Mill. Jahre		Aalenium
Schwarzer Jura oder Unterjura	ca. 30-40 m	Toarcium
		Pliensbachium
		Sinemurium
200 Mill. Jahre		Hettangium

92 Riesenbelemnit Megateuthis, im Volksmund auch Teufelsfinger oder Donnerkeil genannt.

so genannten Bunten Trümmermassen entdecken, so zum Beispiel bei Unterwilfingen.

Fossilien – Zeugen des Urmeeres

Das Gebiet um den Ipf ist schon seit langem bei Wissenschaftlern und Sammlern für seinen Reichtum an Fossilien bekannt. Auf Feldern und bei Baumaßnahmen können die zu Stein gewordenen Überreste ehemaliger Meeresbewohner aus der Zeit des Oberen oder Weißen und des Mittleren oder Braunen Jura gefunden werden. Das Gebiet der heutigen Schwäbischen Alb lag zur Jurazeit, vor etwa 145 bis 200 Millionen Jahren, am Nordrand eines „Tethys" genannten Meeres. Neben Meeressauriern und Fischen lebten in diesem damals in tropischen Breiten liegenden Meer die ausgestorbenen Ammoniten und Belemniten, die mit den heutigen Tintenfischen verwandt sind. Ihre Überreste findet man neben solchen von Muscheln, Schnecken, Armfüßern sowie Seeigeln am häufigsten. Als Seltenheit wurden auch schon Reste von Fischen und von Meeressauriern im Gebiet des Ipf entdeckt.

Den Funden von Ammoniten kommt eine besondere Bedeutung zu. Diese haben sich in geologisch sehr kurzen Zeiträumen weiterentwickelt und dabei ihre Gestalt verändert. Deshalb können Wissenschaftler mit ihrer Hilfe das Alter der Gesteinsschichten datieren und weit entfernte Meeresablagerungen der Jurazeit miteinander vergleichen. Am Ipf wurde beispielsweise ein Ammonit namens *Phlycticeras mexicanum* gefunden, der auch in Mexiko und Chile vorkommt. Die in einer bestimmten, am Ipf knapp ein Meter dicken, tiefrot gefärbten Schicht („Parkinsonien-Oolith") gefundenen Ammoniten ermöglichen die bisher weltweit genaueste zeitliche Untergliederung eines bestimmten Abschnittes des Mittel-Juras. Durch Funde vom Ipf war es auch möglich, die Entwicklung einzelner Ammonitengruppen erstmals detailliert zu erkennen und zu beschreiben. Eine Ammonitenart, *Garantiana ipfensis*, wurde sogar nach dem Ipf benannt (Abb. 96). Der Name einer weiteren Art, *Parkinsonia opiensis*, soll an das ehemalige römische Kastell Opie in Bopfingen-Oberdorf erinnern.

93 Große Muschel Ctenostreon.

94 Hahnenkammauster Lopha.

95 Schlitzbandschnecke Pleurotomaria. Ganz ähnliche Formen leben heute noch in den Tiefen des Pazifiks.

Das Nördlinger Ries – Ein Meteorit formt die Landschaft

Nur wenige Kilometer östlich von hier findet sich eine der interessantesten und ungewöhnlichsten Landschaften Europas, das Nördlinger Ries. Die Entstehung dieses fast kreisrunden „Kessels“ im Bereich der Schwäbisch-fränkischen Alb mit einem Durchmesser von etwa 24 Kilometer (Abb. 1, 97) gab den Geologen lange Zeit große Rätsel auf. Erst 1960 fanden amerikanische Wissenschaftler die sensationelle Lösung. Sie konnten eindeutig nachweisen, dass das Ries vor etwa 15 Millionen Jahren durch den Einschlag eines gewaltigen, etwa ein Kilometer großen Meteoriten entstanden ist.

Es muss eine unvorstellbare Katastrophe gewesen sein, als der mächtige Meteorit mit etwa 30–50 km/s, das sind 100 000 – 180 000 km/h, in die tertiäre Albrandlandschaft einschlug. Die Energie, die dabei freigesetzt wurde, entsprach mehreren zehntausend Atombomben und zerstörte in wenigen Minuten die Landschaft und alles Leben in weitem Umkreis. Der Meteorit selbst und eine enorme Menge an Gestein aus dem Einschlagsgebiet verglühten.

Durch Aufschmelzung entstanden dabei auch ganz neue Gesteine wie der Suevit (Schwabenstein), ein „Gesteinsglas“, das sich vor allem aus Grundgebirge (Granite und Gneise) zusammensetzt und nur im Ries vorkommt.

Riesige Gesteinsschollen und Gesteinsmassen ungeheuren Ausmaßes wurden durch die enorme Wucht der Explosion bis zu 100 km weggeschleudert (Abb. 1). Um das Einschlagszentrum bildete sich ein tiefer Krater. Mächtige Auswurfmassen bedeckten die Konturen der dahinter liegenden Urlandschaft völlig. Gewaltige Regenfälle nach der Explosion ließen in der Hohlform schnell einen Kratersee entstehen, der fast die Größe des heutigen Bodensees hatte. Sedimenteintrag vom Kraterrand her füllte ihn relativ schnell auf, schon etwa nach einer Million Jahren war der Krater vollständig verfüllt und nicht mehr zu sehen. Erst die Abtragung und Ausräumung durch Wasserkraft in jüngster geologischer Zeit brachte das alte Relief wieder zutage und formte die heutige Landschaft.

Juragesteine und Meteoritenkrater prägen das Landschaftsbild

Ipf und Blasienberg, die damals schon vom Albrand abgetrennt waren und als Zeugenberge existierten, verschwanden unter den Auswurfmassen und wurden erst im Laufe der Zeit wieder aus dem Ries-Schutt durch Erosion und Herstellung der alten Flusssysteme freigelegt. Die Spuren des Meteoriteneinschlags sind auch heute noch vielerorts erkennbar: Völlig durcheinander geworfene Gesteine aller Erdzeitalter der Region finden sich in den bunten Trümmermassen direkt am Riesrand, aber auch noch viele Kilometer davon entfernt über den Juragesteinen der Alb gelagert. Besonders markant erscheinen die nahe gelegenen Berge wie Karkstein (Abb. 89), Käsbühl oder der Flochberg, dies sind riesige aus dem Rieskrater

96 Fossilstufe mit zwei sehr schön erhaltenen Ammoniten: Garantiana ipfensis (großer Ammonit) und Parkinsonia (kleinerer Ammonit, sehr häufig vorkommend).

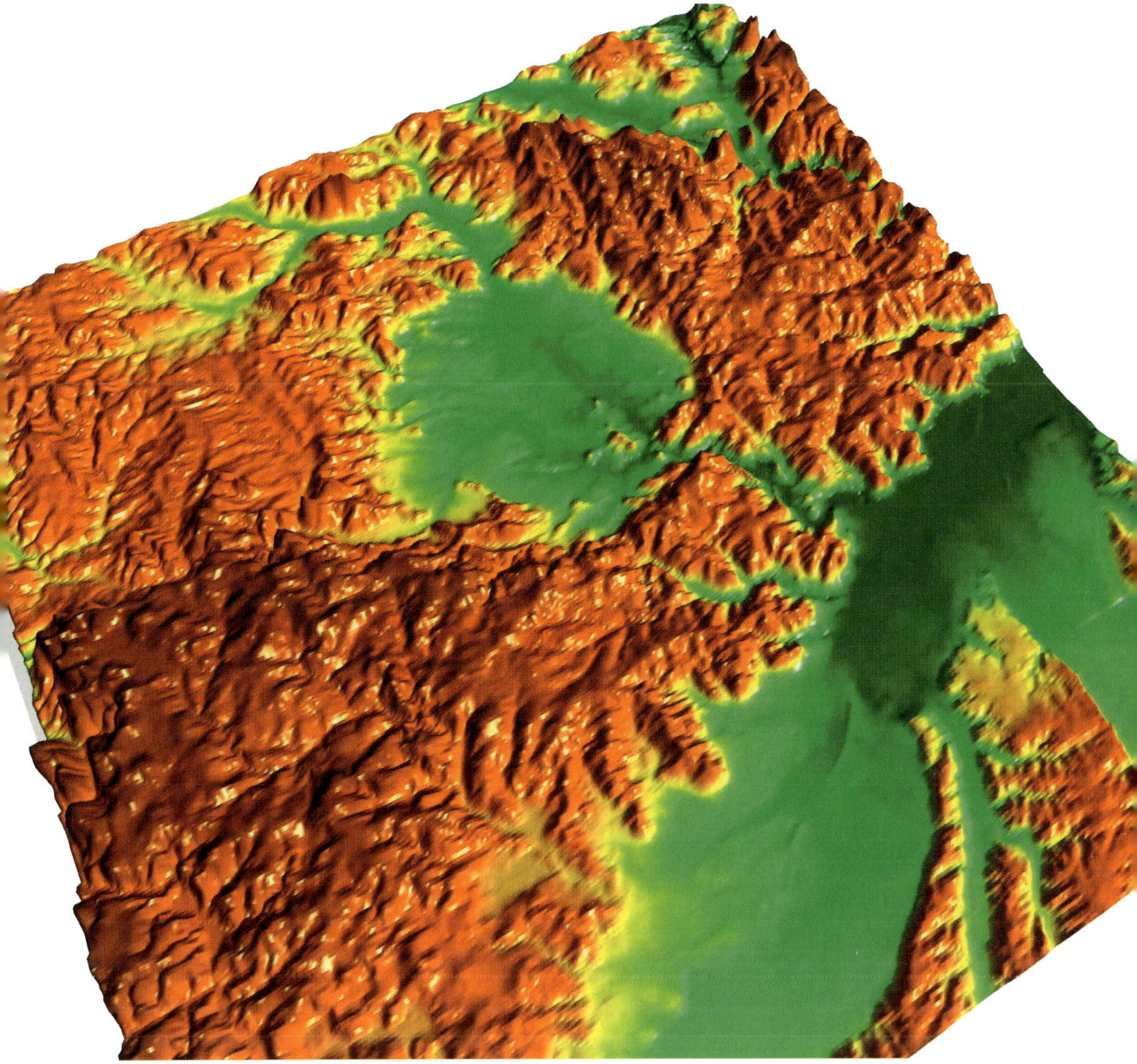

97 Digitales Blockbild des Nördlinger Ries mit seinen Randlandschaften und den wichtigsten geologischen Formationen. Der Ipf liegt im Westen des Ries und ist ein Zeugenberg des Weißen Jura. Im Vordergrund die breite Niederung der Donau.

gesprengte Weißjura-Schollen – eindrucksvolle Zeugen der unvorstellbaren Kräfte, die damals freigesetzt wurden.

Die Einzigartigkeit und Besonderheit dieser Landschaft wird also nicht nur durch den Jura und die Lage am Rande der Schwäbischen Alb geprägt, sondern in besonderem Maße auch durch die unmittelbare Nähe zum Meteoritenkrater Ries mit seinen Auswurfmassen.

Landschafts- und Naturraum rund um den Ipf

REINHARD WOLF

Der Ipf ist der nordöstliche „Eckpfeiler" der Schwäbischen Alb, die sich auf 170 Kilometer Länge von der Baar bei Donaueschingen bis hierher zum Ries erstreckt. Im Raum Bopfingen löst sich der Albtrauf, der entlang der Nordwestseite der Alb überall markant in Erscheinung tritt, in einzelne Vorsprünge auf. Der Ipf ist ein „Zeugenberg", der beweist, dass die Alb einst weiter nach Norden reichte. Die Eger und ihre Zuflüsse, vor allem die Schneidheimer Sechta, haben die Oberflächenformen in der Umgebung von Bopfingen im Lauf von Millionen Jahren geschaffen und das Landschaftsbild geprägt. Der Ipf wurde bei der Abtragung bislang „vergessen"; in einigen Millionen Jahren wird allerdings auch dieser Bergkegel der Erosion zum Opfer gefallen sein ...

98 Schafe sind für die Pflege der Heidelandschaften am Ipf äußerst wichtig.

Die Landschaft der Ostalb ist mit keiner anderen Gegend des Landes zu vergleichen, und der Ipf ist von seiner Gestalt her und wegen seiner seit alters her kahlen Flanken einmalig und unverwechselbar. Über Jahrhunderte haben hier Schafe geweidet, vielleicht schon unter den vorgeschichtlichen Besiedlern. Der Berg ist eine „Landmarke"; von weither sieht man ihn, er ist ein „Symbol" von Bopfingen!

Trotz der Nähe zum Ries hat der Ipf mit dem „Riesereignis" nichts zu tun. Als vor 15 Millionen Jahren ein Meteorit den Rieskessel mit seinen 30 km Durchmesser aussprengte, den man vom Ipf aus bei klarem Wetter bestens überblicken kann, geriet in der Umgebung zwar manches „durcheinander" – viele Hügel am Riesrand sind Gesteinsschollen, die beim Einschlag umgelagert worden sind –, der Ipf aber überstand die gewaltige Explosion unbeschadet.

Die Eger und die Sechta haben das Oberjura-(Weißjura-)Schichtenpaket vollständig durchsägt und fließen im Bereich der tonigen Schichten des Mittel-(Braun-)Juras. In diesen weichen Schichten haben sie weite Täler ausgeräumt – umso mächtiger und schroffer steht der Kegel des Ipf in der Landschaft.

Wieso Naturschutzgebiet?

Seit 1982 ist der Ipf Naturschutzgebiet (Rechtsverordnung des Regierungspräsidiums Stuttgart vom 30. Dezember 1982; Fläche 71 Hektar). Nicht etwa, dass der Ipf in Gefahr war und man ihn deshalb hätte rechtlich schützen müssen – nein, Naturschutzgebiete legen lediglich „Spielregeln im Umgang mit der Natur" fest und dies ist bei so schönen und wertvollen Landschaften wie dem Ipf gut so. In der Nachbarschaft gibt es übrigens weitere Naturschutzgebiete, die man vom Gipfelplateau aus sehen kann: Der Blasienberg und der Goldberg im Nordosten, Tonnenberg, Käsbühl und Kargstein im Westen sowie Beiberg / Buchberg und Schlossberg mit Ruine Flochberg im Süden.

99 Tiere allein reichen als Landschaftspfleger nicht aus, manchmal muss auch der Mensch mit Säge, Axt und motorisiertem Gerät eingreifen.

Naturschutzgebiete sind keine „Käseglocken“. Wanderer dürfen auf den festen Wegen und über die Heide den Berg besteigen und sich auf dem Plateau ungehindert bewegen. Die vorgeschichtlichen Wälle einschließlich der Böschungen dürfen allerdings nicht betreten werden. Nehmen Sie bitte Rücksicht auf die schonungsbedürftige Tier- und Pflanzenwelt, bleiben Sie möglichst auf den Wegen. Für das Betreiben von Modellflugzeugen und fürs Drachen- und Gleitschirmfliegen gelten besondere Regeln, über die eine Tafel am Aufstiegsweg informiert. Lagern und Feuermachen, Radfahren und Reiten sind im Naturschutzgebiet nicht erlaubt, aber dafür haben Sie sicher Verständnis.

Alle wollen, dass der Ipf so bleibt, wie er ist und wie man ihn seit langem gewohnt ist. Ganz selbstverständlich ist dies nicht. Ohne Schafbeweidung könnten die Hänge nicht freigehalten werden. In wenigen Jahren kämen Sträucher und Bäume auf, und der Wald würde vom Ipf langsam aber sicher Besitz ergreifen. Viele hungrige Schafmäuler sind also wichtig. Denken Sie bei Ihrem Einkauf in der Metzgerei oder beim Essen im Gasthaus daran: Nur wenn die Bopfinger Schäfer Absatz haben, kann diese schöne Landschaft erhalten werden!

100 Die Naturschutzverwaltung, das Forstamt, die Stadt Bopfingen und die Vereine sind Jahr für Jahr bei der Landschaftspflege aktiv.

101 Frühlingsenzian.

102 Schwalbenschwanz.

103 Katzenpfötchen.

und Kugelblume sind weitere Besonderheiten.

Zahllose Schmetterlinge bevölkern im Sommer die Ipfhänge. Der Schwalbenschwanz ist fast regelmäßig zu sehen, die Berghexe hingegen ist eine seltene Rarität. Mehrere Heuschreckenarten, unter ihnen die Rotflügelige Ödlandschrecke, bevölkern die Heide. Den bei der Nahrungssuche kreisenden Roten Milan kann man beobachten, und wer Glück hat, kann dem Gesang der Heidelerche lauschen.

Schafhaltung allein genügt nicht, manchmal muss man auch mit Säge und Axt eingreifen. Die Wacholderbüsche vermehren sich, Rosen- und Schlehenbüsche breiten sich aus. Die Naturschutzverwaltung, das Forstamt, die Stadt Bopfingen und die Vereine – allen voran Albverein und Riesverein – sind Jahr für Jahr aktiv und betreiben Landschaftspflege. Deshalb die Bitte: Nehmen Sie Rücksicht auf die Natur, dann erfreuen sich auch nachfolgende Generationen an unserer schönen Ipflandschaft!

Was kann man hier sehen?

Nirgends kann man freie Heidelandschaft besser erleben als am Ipf. Der weite Blick ins Ries nach Nördlingen, über das Tal der Sechta nach Baldern, über Bopfingen hinweg zur Ostalb – wo kann man Vergleichbares sehen und genießen?

Die meisten Besucher gehen über die Lindenallee auf den Berg (Abb. 105). Diese Allee ist in Erinnerung an einen Besuch von König Friedrich am 10. Juli 1811 und an die Genehmigung der Ipfmesse 1812 gepflanzt worden und gehört zum charakteristischen Bild des Berges. Der Fichtenwald an der Westseite (Abb. 5) war bis etwa 1900 auch freie Heide; die langfristige Umwandlung in einen lichten Laubwald wäre wünschenswert.

Seltene Heidepflanzen kann der Besucher zu Gesicht bekommen, zum Beispiel die violett blühende Küchenschelle, den strahlend blauen Frühlings-Enzian und im Spätsommer den Fransen-Enzian. Katzenpfötchen („Himmelfahrtsblümchen"), Kalk-Aster

105 Die Ostflanke des Ipf mit verschiedenen Wallanlagen. Die Schneereste machen alte Feldeinteilungen und Ackerspuren aus historischer Zeit sichtbar, als bis ganz hinauf Ackerbau betrieben wurden. Die Lindenallee markiert den Weg zum Gipfelplateau.

104 *Roter Milan.*

Literatur

Landschaft und Archäologie

A. Bick, Untersuchungen zum Siedlungsverhalten der La-Tène-zeitlichen Bevölkerung im Nördlinger Ries. Zeitschr. Des Historischen Vereins für Schwaben 91, 1998, 7–26.

H. Frei, G. Krahe, Archäologische Wanderungen im Ries. Führer zu arch. Denkmälern in Bayern. Schwaben 2 (Stuttgart 1988).

W. Dehn, Die vor- und frühgeschichtlichen Bodendenkmale im Ries. Jahrb. hist. Verein für Nördlingen und Umgebung 23, 1950, 5–52.

W. Dehn, Vorgeschichtliche Ringwälle im Ries. In: Frei / Krahe, Archäologische Wanderungen im Ries. Führer zu archäologischen Denkmälern in Bayern. Schwaben 2 (1988) 61 ff.

K. Fischer, Reliefentwicklung und Flussgeschichte im Westen des Nördlinger Ries. Rieser Kulturtage 6, 1986 (1987) 802 ff.

J. E. Fries, Aussicht, Wasser und Böden – Zur Auswahl von Siedlungs- und Bestattungsplätzen während der Hallstattzeit im Ries. Rieser Kulturtage XI, 1996 (1997), 59–78.

J. E. Fries, Zwei Herrenhöfe und ein Brandgräberfeld der Hallstattzeit in Nördlingen-Baldingen. In: Rieser Kulturtage. Dokumentation XIII/ 2000 (2001) 201–220.

106 Im Januar 2002 bot sich während einer Inversions-Wetterlage der seltene Blick vom Ipf nach Süden bis in die Alpen. Dazwischen liegt die östliche Schwäbische Alb mit dem Härtsfeld und Oberschwaben im Dunst. Dieses Bild symbolisiert auf seine Weise die Kontakte der frühkeltischen Fürstensitze, also auch des Ipfs, mit dem mediterranen Süden jenseits der Alpen. Luftbild Otto Braasch vom 6. 1. 2002.

R. Höfling / H. Gall, Landschaft und Geologie des Nördlinger Rieses. Führer zu vor- und frühgeschichtlichen Denkmälern 40 (1979) 1 ff.

R. Jäzold, Die naturräumlichen Einheiten auf Blatt 7128 Nördlingen (1962) 29 ff.

R. Krause, Neue archäologische Ausgrabungen des Landesdenkmalamtes Baden-Württemberg am westlichen Riesrand. Rieser Kulturtage. Dokumentation VIII/1990 (1991) 131ff.

R. Krause, Vom Ipf zum Goldberg. Archäologische Wanderungen am Westrand des Rieses. Führer zu archäologischen Denkmälern in Baden-Württemberg 16 (Stuttgart 1992).

R. Krause, Ipf und Goldberg – Zentren einer eisenzeitlichen Siedlungslandschaft am Westrand des Nördlinger Rieses. In: Fürstensitze, Höhenburgen, Talsiedlungen. Bemerkungen zum frühkeltischen Siedlungswesen in Baden-Württemberg. Archäologische Informationen aus Baden-Württemberg 28, 1995, 66–79.

F. Krippner, Siedlungskundliches aus dem Ries. Eine Zusammenfassung der systematischen Begehungen. Bayer. Vorgeschbl. 60, 1995, 63–80.

W. Torbrügge, Bemerkungen zur bronze- bis hallstattzeitlichen Siedlung im Ries. In: Nördlingen, Oettingen, Bopfingen, Harburg, 1. Führer zu vor- u. frühgesch. Denkmälern 40, 1979, 86–115.

Ipf

P. Goessler, Nachruf auf Friedrich Hertlein. Fundber. Aus Schwaben N. F. 5, 1928–30 (Stuttgart 1930) 1–7.

F. Hertlein, Die vorgeschichtlichen Befestigungen auf dem Ipf. Blätter des Schwäbischen Albvereins 1911, 47 ff. und 67 ff.

R. Krause, Ein frühkeltischer Fürstensitz auf dem Ipf am Nördlinger Ries. Antike Welt 33, 2002, 493–508.

R. Krause, Vom Luftbild über Geomagnetik zum Fürstensitz. Neue Forschungen am Ipf bei Bopfingen. In: Viereckschanzen. Rätselhafte Bauwerke der Kelten. Archäologisches Museum der Stadt Kelheim, Museumsheft 8, 2005, 70–80.

R. Krause, Ein Urahn der keltischen Fürsten auf dem Ipf – Ein hallstattzeitlicher Grabhügel bei Osterholz, Gde. Kirchheim am Ries, Ostalbkreis. Arch. Ausgr. Bad-Württ. 2003 (2004) 66–70.

R. Krause, Stichwort Ipf und Goldberg (unter Ries = Nördlinger Ries). In: J. Hoops, Reallexikon der germanischen Altertumskunde 24. (Berlin/ New York 2004) 596–601.

R. Krause, E. Böhr, M. Guggisberg, Neue Forschungen zum frühkeltischen Fürstensitz auf dem Ipf bei Bopfingen, Ostalbkreis (Baden-Württemberg). In: Prähistorische Zeitschrift 80, 2005 (Berlin/New York 2005) 190–235.

R. Krause, Archäologische Sondagen und Prospektionen auf dem Ipf bei Bopfingen, Ostalbkreis. Arch. Ausgr. Bad.-Württ. 2004 (2005) 97–102.

R. Krause, Der Ipf. Frühkeltischer Fürstensitz und Zentrum keltischer Besiedlung am Nördlinger Ries. Archäologische Informationen 47 (Stuttgart 2004)

R. Krause, Frühkeltische Grabhügel im Umfeld des Ipf. Alte und neue Ausgrabungen von Bopfingen-Unterriffingen und Kirchheim-Osterholz. Rieser Kulturtage XV/2004 (Nördlingen 2005) 131–149.

R. Krause, Neue archäologische Forschungen zur keltischen Geschichte des Ipf bei Bopfingen, Ostalbkreis (Baden-Württemberg). Rieser Kulturtage. Dokumentationsband (in Druck 2007).

R. Krause, A. Patzelt, Zur Fortsetzung der archäologischen Ausgrabungen und Prospektionen auf dem Ipf bei Bopfingen, Ostalbkreis. Arch. Ausgr. Bad.-Württ. 2005 (2006) 87-92.

F. Schultze-Naumburg, Eine griechische Scherbe vom Ipf bei Bopfingen/Württemberg. Marburger Beiträge zur Archäologie der Kelten. Festschrift W. Dehn. In: Fundberichte aus Hessen, Sonderheft 1 (1969) 210 ff.

O. Paret, Goldberg und Ipf. Rieser Heimatbuch 1922, 151 ff.

E. Wagner, Eine vorgeschichtliche Siedlung und Befestigung auf dem Ipf bei Bopfingen. Kulturdenkmale in Baden-Württemberg, Kleine Führer Blatt 17 (1975).

Antiker Name des Ipf

P. Reinecke, Örtliche Bestimmung antiker geographischer Namen. Bayer. Vorgesch. Blätter 4, 1924, 17ff, 37.

Goldberg

G. Bersu, Vorgeschichtliche Siedlungen auf dem Goldberg bei Nördlingen. Neue deutsche Ausgrabungen, Hrsg. G. Rodenwaldt (1930) 130–143.

G. Bersu, Der Goldberg bei Nördlingen und die moderne Siedlungsarchäologie. Deutsches Archäologisches Institut Berlin über die Hundertjahrfeier am 21.-25. April 1929 (1930) 313–318.

O. Paret, Goldberg und Ipf. Rieser Heimatbuch 1922, 151 ff.

H. Parzinger, Der Goldberg. Die metallzeitliche Besiedlung. Röm.-Germ. Forsch. 37 (Mainz 1998).

H. Pfletschinger, Der Goldberg in der Vorzeit. 4000 Jahre Siedlungsgeschichte. Führer durch das Goldberg-Museum (1985).

P. Schröter, Zur Besiedlung des Goldberges im Nördlinger Ries. Ausgrabungen in Deutschland 1 (1975) 98 ff.

Geophysikalische Untersuchungen

R. Krause, A. Patzelt, Geophysikalische Prospektionen der keltischen Großgrabhügel am Ipf bei Osterholz, Gde. Kirchheim am Ries, Ostalbkreis. Arch. Ausgr. Baden-Württemberg 2002 (2003) 87–91.

H. von der Osten-Woldenburg, Eine keltische Doppelschanze bei Osterholz, Gde. Kirchheim am Ries, Ostalbkreis. Arch. Ausgr. Baden-Württemberg, 2001 (2002) 79.

H. von der Osten-Woldenburg, Geophysikalische Prospektion archäologischer Denkmale unter besonderer Berücksichtigung der kombinierten Anwendung geoelektrischer und geomagnetischer Kartierung sowie der Verfahren der elektromagnetischen Induktion und des Bodenradars. Dissertation, Universität München (Aachen, 2003) 28 ff.

Ohrenberg (Kirchheim am Ries, Benzenzimmern)

R. Krause, Ein keltischer Siedlungsplatz am Westrand des Rieses bei Kirchheim-Benzenzimmern, Ostalbkreis. Arch. Ausgr. Baden-Württemberg 1989 (Stuttgart 1990) 112–116.

R. Krause, Untersuchungen zu vorgeschichtlichen Umweltveränderungen an einer keltischen Siedlung bei Kirchheim-Benzenzimmern, Ostalbkreis. Arch. Ausgr. Baden-Württemberg 1995 (Stuttgart 1996) 149–151.

R. Krause, K.-H. Pfeffer, H. Smettan, Landschafts- und Umweltveränderungen in prähistorischer Zeit in einer kleinen Siedlungskammer am Westrand des Nördlinger Ries am Ohrenberg, Gemeinde Kirchheim am Ries. Rieser Kulturtage 2000. Dokumentation XIII/2000 (2001) 221–235.

R. Krause & K.-H. Pfeffer (Hrsg.), Studien zum Ökosystem einer keltischen Siedlung am westlichen Riesrand. Tübinger Geographische Studien 138 (Tübingen 2004).

Rechteckhöfe und Großgrabhügel bei Osterholz

K. Fuhrmann, R. Krause, H. v. d. Osten-Woldenburg, Ein zweiter Rechteckhof am frühkeltischen Fürstensitz auf dem Ipf bei Osterholz, Gde. Kirchheim am Ries, Ostalbkreis. Arch. Ausgr. Bad.-Württ. 2004 (2005) 91–97.

K. Fuhrmann, R. Krause, Außergewöhnliche Steinbefunde beim frühkeltischen Fürstensitz auf dem Ipf bei Osterholz, Gde. Kirchheim am Ries, Ostalbkreis. Arch. Ausgr. Bad.-Württ. 2005 (2006) 92–97.

R. Krause, Palisadenanlagen der späten Hallstattzeit am Fuße des Ipf beim Weiler Osterholz, Gde. Kirchheim am Ries, Ostalbkreis. Arch. Ausgr. Baden-Württemberg 2000 (2001), 70–75.

R. Krause, Rechteckhöfe und Großgrabhügel: die Außensiedlung zum frühkeltischen Fürstensitz auf dem Ipf. Arch. Ausgrabungen in Baden-Württemberg 2001 (2002) 73–78.

R. Krause, Ein frühkeltischer Fürstensitz auf dem Ipf am Nördlinger Ries. Antike Welt 33, 2002, 493–508.

R. Krause, A. Patzelt, Geophysikalische Prospektionen der keltischen Großgrabhügel am Ipf bei Osterholz, Gde. Kirchheim am Ries, Ostalbkreis. Arch. Ausgr. Baden-Württemberg 2002 (2003) 87–91.

R. Krause, Ein Urahn der keltischen Fürsten auf dem Ipf – Ein hallstattzeitlicher Grabhügel bei Osterholz, Gde. Kirchheim am Ries, Ostalbkreis. Arch. Ausgr. Baden-Württemberg 2003 (in Druck 2004)

Viereckschanzen

K. Bittel, S. Schiek, D. Müller, Die keltischen Viereckschanzen. Atlas archäologischer Geländedenkmäler in Baden-Württemberg 1 (Stuttgart 1990) Nr. 32, 208ff. (zur Viereckschanze von Kirchheim-Jagstheim).

R. Krause und G. Wieland, Vorbericht über die Grabungen in der Viereckschanze von Bopfingen-Flochberg. Germania 71, 1993, 59–112.

R. Krause, Viereckschanze mit „zentralörtlicher" Funktion. Archäologie in Deutschland 4/1995, 30–33.

H. von der Osten-Woldenburg, Eine keltische Doppelschanze bei Osterholz, Gde. Kirchheim am Ries, Ostalbkreis. Arch. Ausgr. Baden-Württemberg 2001 (2001) 79.

G. Wieland (Hrsg.), Keltische Viereckschanzen. Einem Rätsel auf der Spur (Stuttgart 1999).

Weitere archäologische Denkmale um Ipf und Goldberg

Brandgräberfeld Bopfingen:

R. Krause, Zum Abschluss der Ausgrabungen in einem Brandgräberfeld der mittleren Hallstattzeit bei Bopfingen, Ostalbkreis. Arch. Ausgr. Baden-Württemberg 1995 (1996) 85–89.

Grabhügel Meisterstall:

H. Zürn, Hallstattzeitliche Grabfunde in Württemberg und Hohenzollern. Forsch. u. Ber. Vor- u. Frühgesch. 25 (Stuttgart 1987).

Fürstensitze und Fürstengrabhügel

J. Biel, Der Keltenfürst von Hochdorf (Stuttgart 1985).

K. Bittel, A. Rieth, Die Heuneburg a.d. oberen Donau. Ein frühkeltischer Fürstensitz (Stuttgart/Köln 1951).

B. Chaume, Vix et son territoire à l'âge du fer. Fouilles du mont Lassois et environnement du site princier. Protohistoire Européenne 6 (Montagnac 2001).

M. K. H. Eggert, Die „Fürstensitze" der Späthallstattzeit: Bemerkungen zu einem archäologischen Konstrukt. H. Lüdtke/F. Lüth/F. Laux (Hrsg.), Archäologischer Befund und historische Deutung. Festschr. Wolfgang Hübener. Hammaburg N. F. 9, 1989, 53–66;

F. Fischer, Zum „Fürstensitz" Heuneburg. In: W. Kimmig (Hrsg.), Importe und mediterrane Einflüsse auf der Heuneburg. Heuneburgstudien XI (Mainz 2000) 215–227.

F. Fischer, KEIMH IA – Bemerkungen zur kulturgeschichtlichen Interpretation des so genannten Südimports in der späten Hallstatt- und frühen Latène-Kultur des westlichen Mitteleuropa. Germania 51, 1973, 436–459.

F. Fischer u. J. Biel, Frühkeltische Fürstengräber in Mitteleuropa. Antike Welt 13, Sonderheft 1982.

W. Kimmig, Zum Problem der späthallstattzeitlichen Adelssitze. In: Festschr. P. Grimm, Siedlung, Burg und Stadt. Studien zu den Anfängen. Deutsche Akademie der Wissenschaften zu Berlin, Schriften der Sektion Vor- und Frühgeschichte 25, 1969, 95–113.

W. Kimmig, Die Heuneburg an der oberen Donau. Führer zu archäologischen Denkmälern in Baden-Württemberg 1 (1983²).

S. Kurz, Grab und Jenseits. Beobachtungen zum Bau hallstattzeitlicher Großgrabhügel. Arch. Korr.Blatt 28, 1998, 391–401.

S. Kurz, Die Heuneburg-Außensiedlung. Befunde und Funde. Forsch. u. Ber. Vor- u. Frühgesch. 72 (Stuttgart 2000).

W. Schier, Fürsten, Herren, Händler? Bemerkungen zu Wirtschaft und Gesellschaft der westlichen Hallstattkultur. In: Festschr. G. Kossack, Archäologische Forschungen in urgeschichtlichen Siedlungslandschaften. Regensburger Beitr. zur Prähistorischen. Archäologie 5 (Bonn 1998) 493–514.

Besondere Objekte und Materialgruppen

C. Kociumaka, Eine etruskische Bronzestatue aus dem Nördlinger Ries. In: Das Arch. Jahr in Bayern 1990 (1991) 62–64.

W. Dehn, Einige Bemerkungen zu süddeutschem Hallstattglas. Germania 29, 1951, 25–34 (zu einer Glasscherbe vom Ipf).

G. Lüscher, Der Amphorenimport in Châtillon-sur-Glâne (Kanton Freiburg/Schweiz). Germania 74, 1996, 337–360.

Luxusgeschirr keltischer Fürsten. Griechische Keramik nördlich der Alpen. Kataloge des Mainfränkischen Museums Würzburg. Mainfränkisches Heft 93, 1995.

H. van den Boom, Joëlle Pape, Die Massaliotischen Amphoren. In: W. Kimmig (Hrsg.), Importe und mediterrane Einflüsse auf der Heuneburg. Heuneburgstudien XI (Mainz 2000) 43–70.

A. Lang, Die geriefte Drehscheibenkeramik von der Heuneburg 1950 – 1970 und verwandte Gruppen. Heuneburgstudien III. Röm.-Germ. Forsch. 34 (Mainz 1974).

H. Bender, L. Pauli, I. Stork, Der Münsterberg in Breisach II. Münchner Beitr. Vor- u. Frühgeschichte 40 (München 1993) (zu den Dolien).

Schwerpunktprogramm der Deutschen Forschungsgemeinschaft

J. Biel, D. Krausse, Frühkeltische Fürstensitze. Älteste Städte und Herrschaftszentren nördlich der Alpen? Internationaler Workshop zur keltischen Archäologie in Eberdingen-Hochdorf 12. und 13. September 2003. Arch. Inf. Baden-Württemberg 51 (Esslingen 2005).

Krausse 2004: D. Krausse, Frühe Zentralisierungs- und Urbanisierungsprozesse. Zur Genese und Entwicklung frühkeltischer Fürstensitze und ihres territorialen Umlandes. Ein Schwerpunktprogramm der Deutschen Forschungsgemeinschaft. Arch. Nachrichtenbl. 9/4, 2004, 359–374.

D. Krausse, Frühkeltische Fürstensitze. Landesdenkmalamt Baden-Württemberg koordiniert das neue archäologische Schwerpunktprogramm der Deutschen Forschungsgemeinschaft. Denkmalpfl. Baden-Württemberg 33/4, 2004, 237–245.